믿음나무에서
꽃피운 세 딸

믿음나무에서 꽃피운 세 딸

초판 1쇄 발행   2020년 4월 30일
초판 2쇄 발행   2020년 6월 22일

지은이 | 박철수
만든이 | 이한나
펴낸이 | 이영규
펴낸곳 | 도서출판 그린아이

등록 연월일 | 2003. 12. 02.
등록 번호 | 제2-3893호
주소 | 서울특별시 은평구 녹번로 6-11 201호
전화 | 02)355-3035
이메일 | gmh2269@hanmail.net

ISBN 978-89-958105-3-8(03230)

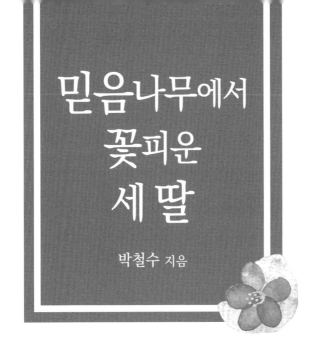

믿음나무에서 꽃피운 세 딸

박철수 지음

그린아이

 들어가는 글

오직 하나님께 영광을

전쟁 직후 혼란의 시기에 산골 오지의 가난한 집안에서 태어났으나 건강하게 자란 자, 갓난아이 시절 펄펄 끓는 쇠죽 솥에 빠져 전신에 화상을 입었으나 깨끗하게 나음을 받은 자, 교통사고에서 찰나의 선택으로 죽음의 위기에서 벗어난 자, 이 모든 것이 생명을 주관하시는 하나님께서 나 박철수를 지켜 주심으로 지금까지 살게 하신 은혜로다.

가난으로 인해 공부의 기회를 놓쳤지만 믿음으로 순종하며 노력하자 만학을 하게 하셨고, 모든 면에서 자격 없는 나를 하나님의 일꾼으로 택하사 목회 사역에 헌신하게 하시고, 하나님의 소명을 믿고 따름으로 30여 년 사역을 은혜 중에 마치게 하심에 어찌 감사하지 않을 수 있으랴. 더욱이 신실하고 현명한 아내를 허락하사 믿음의 동반자로 세워 주시고, 사랑하는 아내로 인해 내게 부족한 사역의 공간을 넘치게 채워 주신 하나님께 감사드린다.

또한 오직 믿음으로 헌신하는 나와 아내를 어여삐 여기사 귀하디 귀한 세 딸을 허락해 주시고, 아이들의 장래를 축복하사 하나님께 영광을 돌리게 하시니 감당할 수 없는 은혜를 받았음을 이 글을 통해 고백한다.

지난날을 돌이켜 보면 내가 받은 것 중 하나님의 은혜가 아닌 것이 없다. 이러한 은혜를 받은 것으로만 만족하는 것은 주신 분의 사랑을 외면하는 것 같아, 내가 하나님께 받은 은혜를 많은 사람들과 함께 나누고자 이렇게 펜을 들었다.

나를 만나 노심초사하며 사는 중에도 기꺼이 믿음의 사역에 동참해 준 사랑하는 아내와, 가난한 목회자의 자녀로 태어났지만 불평 한마디 없이 믿음으로 헌신하며 학업에도 힘써 좋은 결과로 나의 기쁨과 긍지가 되어 준 사랑하는 세 딸에게도 고맙다는 말을 전한다.

마지막으로 부족한 목회자와 27년 동안 고락을 함께하며 교회를 세우고 협력해 주신 성도님들께 진심으로 감사드린다. 덧붙여 어려운 환경에서 사역에 힘쓰고 있는 농어촌 교회와 개척 교회에 이 책에서 전하는 나의 신앙 이야기가 힘이 되었으면 하는 바람을 가져본다.

그리고 그 무엇보다 지금에 이르기까지 나를 지키시고 세우시고 인도하신 하나님께 영광을 돌립니다! 할렐루야!

"우리가 알거니와 하나님을 사랑하는 자 곧 그의 뜻대로
부르심을 입은 자들에게는 모든 것이 합력하여 선을 이루느니라"(롬 8:28)

추천하는 글

승리자의 고백

우리 모두가 하나님의 섭리 안에 있지만 주어지는 환경에 어떻게 반응하느냐는 각자의 몫이다. 억누르는 환경에 순응하느냐, 반항하느냐는 아무도 책임져 주지 않는 자기 인생에 커다란 차이로 나타난다. 특별히 사명을 깨달은 사람이 자기 사명에 충실하려고 애쓴 족적은 자기 자신의 인생에 보람을 가져다 줄 뿐만 아니라 다른 사람에게 좋은 영향을 주기 마련이다.

여기 한 사람의 인생 승리를 스스로 기록한 책이 있다. 어떻게 보면 평범한 사람의 평범한 이야기일 수 있다. 실로 그는 세상에서 유명세를 탄 사람이 아니다. 그러나 이 안에는 순박한 사람의 진솔한 삶의 이야기가 기록되어 있다. 그는 여기서 자기에게 주어진 환경을 어떻게 극복했는가를 썼다. 그리고 그는 이 과정이 위대하신 하나님의 은혜였음을 고백하고 감사한다.

가난한 산골 마을에서 태어난 그는 당시 피폐한 환경에 순응하는 듯하면서 벗어나려는 노력을 게을리하지 않는다. 초등학교를 겨우 마치고 상급학교에 진학할 여력이 없었다. 그러나 배우고 싶은 욕구 때문에 결혼한 형님의 집에 기숙을 하기도 하면서 소위 말하는 밑바닥 인생이 겪는 일들을 모두 경험한다. 그가 살아남기 위해서 한 일들이 무엇인가. 신문 배달, 양복점 점원, 학원 사환, 행상, 용접공, 농기구 판매원, 건어물 장사, 장돌뱅이, 피아노 조율사. 그러면서 꾸준히 신앙생활을 했고 주경야독으로 중학교, 고등학교를 검정고시로 통과하고 방송통신대학을 졸업했다. 시험에 합격하여 서울시 공무원이 됐지만 사명을 깨닫고 포기했다. 그 후부터 목회자의 길을 걸었다. 그러는 중에 결혼을 하고 세 딸을 두었다. 그의 목회자 생활의 특징은 목회자 윤리를 철저히 지키면서 세속적 방법에 기울지 않았다는 것이다.

전도사, 강도사 과정을 거치고 목사로서 첫 부임지는 백령도였다. 그는 그곳에서 성도들의 사랑을 받으면서 3년을 지냈다고 회고한다. 이후 농촌 목회지 익산에서 27년을 보냈다. 도합 30년인데 그가 이 시대를 향하여 외치는 메시지는 하나님의 말씀에 어긋나지 않으면 어떤 경우에도 하나님은 약속을 지켜 주신다는 것이다. 두 가지 예를 든다면 하나는 자식의 교육이다. 과외나 학원은 가지 못하고, 주일에 철저히 교회에서 봉사하며 보냈어도 유수한 대학에 합격하여 우등으로 졸업했으며 그 어렵다는 외무고시에도 합격할 수 있었다는 자랑 아닌 감사. 또 하나는 도움 받는 교회가 주는 교회로 탈바꿈함으로써 피폐해 가는 농촌 목회도 가능하다는 자신감 아닌 하나님의 은혜를 말한다. 지금은 아프리카 우간다에 교회를 세워 현지 사역자로 하여금 시무하게 하여 선교에도 한 몫을 담당하고 있다. 그런데 평생 곁에서 돕던 사모님이 건강에 문제가 생겨 정년이 4년이나 남았는데 봉곡교회에서 원로목사로 퇴임을 했다. 사모님의 건강을 위하여 나머지 생애를 보내고자 하는 정신은 또 얼마나 아름다운가.

이 책을 읽으시는 모든 분에게 하나님의 은혜가 어떤 것인가를 확연하게 보여주실 것을 확신한다.

한국크리스천문학가협회 회장 전종문 목사

차례

Prologue

프롤로그

개천에서 용龍 났다

 과거 "개천에서 용龍 난다"는 속담이 통용되던 시절이 있었다. 시원찮은 환경이나 변변찮은 부모에게서 빼어난 인물이 나는 경우를 뜻한다. 그러나 요즘에는 '개천에 난 용龍'을 찾아보기가 쉽지 않다.

 예전에는 학생들이 대부분 비슷한 학업 환경에서 공부하였기에 노력한 만큼 성과를 거둘 수 있었지만, 요즘에는 부모의 경제적 능력에 따라 자녀의 학업 환경이 달라지기 때문이다. 돈을 투자하면 할수록 많은 양과 좋은 질의 학업 환경을 누릴 수 있다. 바꾸어 말하면, 돈이 없으면 남보다 못한 학업 환경에서 공부할 수밖에 없다는 뜻이다.

 게다가 모두들 가능하면 소위 '명문'이라 칭하는 학교에 들어가려고 하기 때문에, 이 치열한 경쟁은 아이가 유치원에 들어가기 전부터 시작된다.

 이를 위해 얼마나 많은 사교육비를 투자하여 공부를 시키고 있는가? 정부에서 사교육비를 줄이기 위해 많은 노력을 기울이고 있지만 역부족이다. 결국 학업 성취에서도 투자한 만큼 결과를 보기 때문에 개천에서 용龍이 나는 시대는 지나갔다고들 말하는 것이다.

그런데 우리집 개천에서 용龍이 났다! 우리집 첫째 딸이 서울대학교에 입학한 것이다. 게다가 외무고등고시도 통과하였다.

우리집 딸들은 초등학교 때부터 지방에 있는 소도시, 그것도 리里 단위에 있는 초등학교를 다녔고, 중학교는 면面 소재지에 있는 학교를 다녔으며, 고등학교 또한 지방에 있는 소도시에서 다녔다. 더구나 넉넉지 못한 집안 형편 때문에 과외는커녕 보습학원도 변변히 다닌 적이 없다. 그야말로 학교 위주의 공부만을 했을 뿐이다.

흔히 수험생들은 물 먹는 시간조차 아껴서 공부를 한다고 한다. 그만큼 1분 1초가 공부하기에 급박한 것이다. 하지만 우리집 첫째 딸은 고등학생 때에도 일요일이면 교회에 나와 예배를 드리는 것은 물론 교회 일을 도우며 헌신하였다.

물론 목회자인 내가 자녀들에게 무슨 일이 있어도 주일을 성수하도록 가르친 까닭이었고, 자녀들 또한 스스로의 믿음으로 행하며 신앙인으로서 부끄럽지 않도록 생활한 것이다.

하나님께서는 성심으로 섬긴 아이들을 어여삐 여기사 지혜의 축복을 더하셨고, 그 결과 첫째 딸은 서울대학교 인문대학에 합격하였다.

대학생이 된 첫째 딸은 아르바이트를 하면서 학업과 고시 공부를 병행하였다.

요즘은 대부분의 대학생들이 취업을 위해 어학연수를 다녀오는 것을 필수로 여기는 추세이다. 그런데 경제적인 여건상 어학연수를 다녀오기는커녕 아르바이트까지 해 가면서 고시를 준비하였고, 대학교 재학 중에 외무고등고시에 합격하였다. 또한 대학교를 우등으로 졸업을 하는 겹경사를 안겨주었다.

대학 졸업 후, 외무공무원으로 근무를 하던 첫째 딸은 정부의 후원 과정을 통해 미국 워싱턴 대학에서 1년, 그리고 스페인 마드리드 대학에서 1년 동안 어학연수를 하였다.

힘든 환경에서도 불평 한마디 없이 주님의 사랑하는 딸로 교회에 헌신하였고, 집안의 큰 딸로 성실하게 생활한 자녀에게 주님께서 주신 커다란 축복이었다. 친가 쪽이나 외가 쪽으로 이와 같은 일을 이룬 사람이 한 사람도 없었기에 집안으로서도 딸아이가 이룬 성과는 참으로 고무적인 것이라 할 수 있다.

이렇듯 우리 집안의 용龍은 힘든 환경에서도 할 수 있다는 믿음과 주님께서 함께하시어 이루어주실 거라는 소망을 가지고 끊임없이 스스로 노력하고 기도한 결과로 난 셈이다.

이 모든 것은 살아계신 하나님의 도우심과 은혜의 결과임을 새삼 깨달으며, 오직 하나님께 감사와 찬양과 영광을 돌린다.

"대저 여호와는 지혜를 주시며 지식과 명철을 그 입에서 내심이며"(잠 2:6)

성공의 비결? 오직 하나님!

서울대학교 합격! 외무고등고시 합격! 첫째 딸의 연이은 합격 소식으로 우리 집안은 그야말로 상상치 못할 기쁨과 영광을 누리게 되었다. 서울대학교 합격 당시 기쁨에 들뜬 우리는 학교와 길거리에 합격 현수막을 내걸어 하나님께 영광을 돌렸고, 잔치를 열어 사람들과 함께 기쁨을 나누었다. 그랬더니 하나님께서는 첫째 딸을 외무고등고시에 합격하게 하사 더 큰 영광을 돌리게 하셨다.

서울대학교에 진학하는 일이나 외무고등고시에 합격하는 것은, 본인은 물론 이를 지켜보는 부모에게도 긴장되고 힘든 나날의 연속이었다. 더구나 어려운 형편으로 인해 물질적 지원을 해 줄 수 없었던 나는 이러한 과정을 오직 믿음과 기도로 이겨냈다.

만약 우리 가족에게 신앙이 없었다면 이러한 영광은 도저히 맛볼 수 없었을 것이다. 나는 부모로서 공부하는 자녀들에게 비록 풍족한 물질의 지원이나 남들보다 더 좋은 학업 환경을 마련해 주진 못했지만, 목회자인 까닭에 신실한 신앙의 힘을 가르쳐 줄 수 있었다. 사실 전지전능하신 하나님을 붙드는 신앙이야말로 자녀들을 성공의 길로 이끈 가장 확실한 비결이다.

모든 부모는 자녀가 잘 되기를 원한다. 하지만 현실은 부모의 바람만큼 이루기 쉽지 않다. 특히 세상 속의 성공과 올바른 인성, 두 마리 토끼를 잡기란 참으로 어려운 일이다. 사람의 능력만으로는 자녀를 기대만큼 양육할 수 없다. 그래서 필요한 것이 바로 신앙이다. 우리는 하나님을 향한 신앙 안에서 불안한 마음을 다스릴 수 있고, 하나님을 향한 믿음 안에서 용기를 얻을 수 있으며, 하나님을 향한 소망 안에서 올바른 길로 나아갈 수 있다.

신앙으로 자녀 교육의 성공을 맛본 부모로서 감히 말한다.

자녀들의 성공적인 삶을 원하는가? 우리의 아버지이신 하나님께 당신의 자녀를 온전히 맡기고 이를 위해 기도하라. 그리하면 전능하신 하나님 아버지께서 외면치 아니하시고 부족함을 채우시사 성공의 길로 이끄시리라. 그것이야말로 이 혼란하고 복잡한 시대에서 부모가 자녀를 올바른 길로 이끄는 참된 교육이다.

"여호와를 경외하는 것이 지식의 근본이거늘
미련한 자는 지혜와 훈계를 멸시하느니라"(잠 1:7)

1장

철수의 이야기

힘들고 배고픈 날들

오지 산골에 있는 종가집 10남매 중 9번째로 태어난 사내아이가 있었다. 세 명의 누나들은 태어난 지 몇 년이 되지 않아 그만 세상을 떠났다고 한다.

어머니는 9번째 아이를 임신했을 때 태몽을 꾸었는데, 시골 담장을 타고 뻗어 있는 호박넝쿨에 작고 동글동글한 호박이 주렁주렁 달려 있는 꿈이었다. 그리고 아이를 낳고 보니 꿈에서 본 그대로 작고 동글동글한 사내아이가 태어났던 것이다. 그 아이가 바로 나 박철수이다.

6·25전쟁 전후, 그렇지 않아도 생활이 어려울 수밖에 없었던 시절에 어머니께서는 시부모님을 모시고 시동생들을 거느린 채 올망졸망한 아이들까지 여러 명 건사해야 했다.

우리 가족이 살던 곳은 산골 오지로, 주위를 둘러보면 대부분 천수답뿐이었다. 천수답은 가뭄이 들라치면 벼농사를 하기 어려우므로 우리집은 주로 밭농사를 지었다.

게다가 종가집이라 1년에 15회 이상 제사를 지내야 했고, 집안의 대소사들 또한 모두 치러야 했으니 종갓집 며느리였던 어머니의 고생은 차마 말로 다 설명할 수 없었다.

이렇듯 어려운 살림에도 불구하고 교육열이 높았던 아버지께서는, 종갓집 종손은 계속 공부를 해야 한다고 하시며 큰형님을 시내에 있는 중학교에 진학시키셨다.

교통이 발달하지 않았던 때라 시내 가까운 곳에 하숙집을 얻어 그곳에서 학교를 다니도록 했는데, 가족들의 기대를 한몸에 받고 있었던 큰형님은 이에 부응하듯 1950년 말, 고등학교를 무사히 졸업하고 군에 입대하였다.

아끼던 아들을 군대에 보낸 부모님께서는, 한편으로는 안타까우면서도 큰형님이 군 생활을 마치고 돌아오면 집안의 일들을 모두 잘 감당해내리라 의심치 않았다.

하지만 얼마 후, 청천벽력 같은 소식이 전해졌다. 큰형님이 군대에서 유명을 달리하고 말았다는 것이다. 모든 것이 부족했던 시절인지라 정확한 사인도 알 수 없었다고 한다. 결국 눈보라 치는 어느 추운 겨울날, 큰형님은 유골이 되어 눈물의 귀향을 하게 되었고, 선산 한 모퉁이에 자리잡았다.

아, 귀하고 귀한 큰아들을 잃은 부모님의 충격이야 어찌 말로 다 표현할 수 있었겠는가! 큰 충격을 받은 아버지께서는 며칠 동안 시력을 잃고 사물을 볼 수 없었다고 한다.

별안간 사랑하는 아들을 잃고, 남편까지 병들었으니, 이를 지켜보는 어머니의 마음이야 오죽하셨겠는가? 사랑하는 자식을 먼저 떠나보내고 그 뒤를 따르고자 하여도 남아 있는 자식들이 있기에 그럴 수 없었으리라.

결국 어머니께서는 큰아들을 잃은 슬픔을 홀로 삭이시며 다시 종갓집 며느리로, 아내로, 어머니로 그 어려운 살림을 꾸려 나가셨다.

어머니의 친정은 비록 깊은 산골에 있었지만 물이 풍부한 지역이어서 논농사를 많이 지었다. 살림도 풍족한 편이어서 일하는 분들을 두실 정도로 남부럽지 않은 처녀시절을 보내셨다고 한다.

그렇듯 유복한 집 둘째 딸로 태어나셨던 어머니께서는 부족함 없이 사시다가, 19살 때 아버지께 시집을 오셨다. 당시 아버지는 17살이었다.

친정에서 결혼식을 마치고 신랑인 아버지는 말을 타고 앞서 가고, 신부였던 어머니는 가마에 탄 채 큰 재를 넘어오셨는데, 경사가 어찌나 급한지 가마를 타고 있었음에도 너무나 힘이 들어 가마 안에서 한참을 울었다고 한다. 아마도 그 힘든 고갯길이 어머니의 고달픈 시집살이를 미리 보여준 건 아닐까 싶다.

친정에서 고생이라고는 모르고 사셨던 분이 가난한 종갓집 맏며느리가 되어 대식구를 거느리고 사셔야 했으니 얼마나 힘이 드셨겠는가. 게다가 어머니는 체구도 작으셔서 해도 해도 끝이 없는 집안일에 종종거리며 돌아다니셨을 모습을 떠올려보니 더욱 안타깝다.

그래도 어머니께서는 모든 일에 인내하시며 순종적인 종갓집 맏며느리, 현명한 아내, 자애로운 어머니의 역할을 잘 감당하셨다. 낙천적이며 밝은 품성의 어머니는 어려운 살림살이를 꾸려나가시면서도 단 한 번도 불평하지 않으셨다.

당시 한학을 공부하셨던 아버지께서는 마을에서 구장(이장) 일을 오랫동안 맡아 하셨다.

하지만 구장이 받는 거라곤 가을에 벼 한 말, 여름에는 보리 한 말이 전부였던 시절, 그것마저도 마을 사람들이 모아서 주는 것이니 그들의 형편이 어려울 때는 제대로 받지 못할 때가 많았다.

게다가 면사무소 직원들이 찾아오면 구장이라는 이유로 없는 살림에 식사 대접을 해야 했고, 마을에 오는 손님들도 심심찮게 구장집을 찾아왔으며, 마을 사람들의 대소사까지 빠짐없이 챙겨야 했다.

그런데 그런 것보다 더 큰 어려움은 따로 있었다.

마을 사람들 대부분이 하루하루 끼니 잇기도 힘들 만큼 생활이 어려웠으니 식량이 부족할 때면 정부에서 대여하는 곡식을 받아 오곤 했는데, 대여곡貸與穀을 받은 사람들이 이를 상환하지 못하면 그 책임을 고스란히 구장인 아버지께서 떠맡아야 하는 경우가 생겼기 때문이다.

그리고 구장이셨던 아버지는 면사무소 등 자연스레 바깥으로 출입하는 일들이 많았으니, 집안일은 어쩔 수 없이 모두 어머니의 몫이 되었다.

우리 형제들은 공부를 꽤나 잘했지만 집안 형편이 어려운 까닭에 상급학교에 진학할 수 없었다. 그렇지 않아도 없는 살림이었는데 큰

형님의 뒷바라지에 모든 것을 쏟아부었으니 살림살이는 더욱 궁색해질 수밖에 없었던 것이다.

아마도 부모님께서는 큰아들을 먼저 출세시키면 동생들을 잘 이끌어 줄 거라고 생각하셨는지도 모른다.

하지만 큰형님께서는 비록 공부는 무사히 끝마쳤지만 예기치 않은 사고로 세상을 떠났으니, 남은 형제들은 초등학교 졸업을 끝으로 교육의 기회를 잃고 말았다.

사정이 이러하니 형님들은 진학을 포기한 채 서울로 상경하여 일찍부터 사회에 발을 들여놓았다.

아마도 1940~1950년대 농촌의 사정은 거의 이와 같았을 것이다. 암울한 전후의 시대에 태어난 사람들은 대부분 초등학교를 졸업하면 상급학교에 진학을 한 것이 아니라 생계를 위해 도시로 나가 이런저런 일들을 하며 집안 살림에 힘을 보태야 했다.

남자들은 기술을 배우며 일을 하거나 상점의 점원이 되기도 했고, 여자들은 부잣집에서 가정부로 일하거나 방직공장 또는 가발공장 등의 공원이 되기도 했다.

당시 사람들의 살림살이가 얼마나 어려웠는지, 가을 추수를 하고 나서도 얼마 동안만 쌀밥을 구경할 수 있을 정도였다. 대부분의 가정에서는 장리長利 쌀을 얻어다 부족한 식량을 해결하였는데, 가을에 벼 수확을 하면 제일 먼저 그 빚을 갚아야 했기 때문이다.

그래서 겨울에는 아침에만 겨우 쌀밥을 먹었고, 점심에는 주로 고구마로, 저녁에는 여러 가지 죽으로 끼니를 때우곤 했다.

지금은 아련한 추억의 음식이 되어버린 무로 만든 무밥, 콩나물을 넣은 콩나물밥, 시레기를 넣고 지은 시레기밥, 쌀과 고구마를 함께 넣고 지었던 고구마밥, 조로 지은 조밥, 수수가 들어간 수수밥 등이 당시에는 쌀을 대신해 준 소중한 먹거리였다.

이마저도 구하기 쉽지 않았으니, 그 무렵 어머니들에게 때마다 끼니를 준비하는 일은 여간 고역스러운 것이 아니었으리라.

그런데 그때는 단지 끼니를 잇기 위해 억지로 먹어야 했던 까끌까끌한 곡식밥이 요즘에 와서는 건강식이라 불리며 일부러 지어먹는 것이 되었으니 신기할 따름이다.

어쨌든 그와 같은 어려운 시절을 잘 견디게 하시고, 이렇듯 풍요로운 삶을 맞게 하신 하나님의 은혜에 감사드린다.

"내게 주신 모든 은혜를 내가 여호와께 무엇으로 보답할까"(시 116:12)

사라진 화상 흉터

모세는 어린 아기 때 바로왕의 명령으로 죽을 지경에 처하였다. 하지만 어머니의 믿음으로 인해 나일 강물에 띄워졌고, 하나님의 은혜를 입어 공주에게 건져짐으로 죽지 않고 살아났다.

다니엘은 굶주린 사자굴에 던져졌으나, 믿음으로 하나님께 기도하니 죽지 않고 살아남았으며, 다니엘의 친구인 사드락과 메삭과 아벳느고 또한 뜨거운 풀무불에 던져졌지만 하나님이 지켜주심으로 살아남았다.

그리고 나 또한 펄펄 끓는 쇠죽 솥에 빠졌으나 곧 건짐을 받아 살아났으니, 하나님의 긍휼하심을 입은 자가 되었다.

어려운 시절에 한 집안의 막내아들로 태어난 나는 어렸을 때 큰 사고를 당하였다. 아마도 엉금엉금 기어다닐 때였으니까 돌이 되기도 전인 것 같다.

당시 우리 집에서는 소를 키우고 있었는데, 여물로 쇠(소)죽을 끓여 먹이로 주었다. 쇠죽은 큰 가마솥에 마른 풀을 넣고 물을 부어 끓이는 죽인데, 쇠죽을 끓이는 솥은 마루 끝에 위치하고 있었다.

그날도 둘째 형님이 쇠죽을 퍼 가지고 가면서 솥뚜껑을 잠깐 열어 놓았는데, 아기였던 내가 펄펄 끓고 있던 솥에 빠지고 만 것이다.

그 모습을 본 할머니께서 깜짝 놀라 비명을 지르셨고, 그 소리를 들은 둘째 형님이 급히 달려와 나를 건져내었다. 하지만 나는 이미 끓는 물에 데여 속된 말로 살이 문드러질 정도의 중한 화상을 입고 말았다.

그게 1954년 가을 무렵의 일이었는데, 시골 오지에 무슨 병원이 있었을 것이며, 119구조대는커녕 약국도 제대로 없던 시절이었다. 자동차도, 버스도, 기차도 없는 산골이니 16km나 떨어진 시내의 병원에 갈 수도 없음이요, 그야말로 꼼짝없이 앉아 죽음을 기다릴 수밖에 없는 상황이었다.

게다가 온몸이 뜨거운 물에 데었으니 어린 아기가 얼마나 울며 보챘겠는가? "덴 애 보채듯 한다."는 속담도 있는데 아마 상상할 수 없을 정도로 심하게 울었으리라 짐작한다. 다만 어린 아기 때였는지라 당시의 아픔이 지금은 기억나지 않는다는 사실에 감사할 뿐이다.

어쨌든 걷지도 못하는 아기가 온몸에 화상을 입었으니 어머니께서는 울며 보채는 어린 아들을 하루 종일 등에 업고 달래야 했다.

밤낮으로 나를 업고 달래느라 얼마나 피곤하셨던지 벽에 머리를 기대고 서 계시다가 꾸벅꾸벅 졸기도 하셨다고 한다. 그러다 나를 업은 손을 놓쳐버린 적이 있었는데, 그바람에 방바닥에 떨어져 울어대는 어린 나를 보며 마음이 찢어지는 고통을 느꼈다고 하셨다.

찢어지는 마음을 부여잡고 어린 아들을 살려 보겠다며 이리저리 뛰어다니셨을 어머니의 애달픈 모습을 상상하니, 그 깊은 사랑에 저절로 가슴이 뜨거워진다.

그 일로 인해 나는 어머니께 항상 불효자였다. 어머니의 마음을 너무나 많이 아프게 했고, 몸 또한 고생시킨 불효자인 것이다.

어쨌든 그처럼 큰 화상을 입었는데도 제대로 된 치료는커녕 약도 쓰지 못하고 화상에 좋다고 구해온 단방약만 무조건 발라댔으니 상처가 얼마나 나아질 수 있었겠는가.

내 상처는 염증이 심해져 이후에도 쉽게 낫지 않았고, 화상이 심했던 오른팔은 아예 붙어 버려서 제대로 펴지지도 않았다. 이대로 방치하면 장애인이 될 수도 있다는 말을 듣고 팔을 억지로 펴는 바람에 내 팔꿈치 안쪽에는 지금도 심한 흉터가 남아 있다.

세월이 흐른 후 어머니께서 내게 말씀하시기를, 어린 아기가 온몸에 화상을 입었는데도 눈만은 말똥말똥했다고 하셨다. 그래서 '죽지는 않고 살기는 살려나 보다.'라고 생각하며 희망을 버리지 않으셨다고 한다.

그러한 어머니의 간절한 소망 덕분인지 전신에 큰 화상을 입었던 나는, 하나님의 돌보심을 받아 지금까지 건강하게 잘 살고 있다. 게다가 온몸에 화상을 입었는데도 불구하고 오른팔을 제외한 곳에는 흉터가 두드러지게 남지 않았으니 그 얼마나 감사한 일인가.

사실 나는 오른팔에 남은 흉터 때문에 육신적으로나 심리적으로 고통을 받기도 했다. 흉터를 가리기 위해 항상 긴 소매의 옷을 입어야 했으니, 삼복더위에는 얼마나 더운지 지금도 여름을 그리 좋아하지 않는다. 또한 사람을 만날 때면 행여 흉터가 보일까 봐 나도 모르게 위축되기도 했다.

그러나 오른팔을 제외하고는 깨끗하게 치료해 주셨으니, 긴소매의 옷을 입으면 몸 어디에도 흉터가 보이지 않았고, 마음의 상처도 하나님의 큰 사랑을 받고 있음을 느끼며 점차 사라져갔다.

이 모든 것이 나를 사랑하시는 하나님의 치유의 은사가 함께하셨기 때문이니 어찌 위로받지 않을 수 있으랴.

상식적으로 보면 어린 아기의 연약한 피부에, 그것도 온몸에 화상을 입었으니 당연히 흉터가 여기저기 남아야 했을 것이다. 게다가 병원에 가서 제대로 된 치료를 받은 것도 아니요, 좋은 약을 사용한 것도 아니다. 시골에서 민간요법으로만 치료했으니 어찌 좋은 결과를 기대할 수 있었겠는가? 그러므로 전능하신 하나님께서 이루신 것임이 틀림없다.

지금도 가끔 상상을 해본다. 잘생기지는 못했지만 오똑한 코가 뜨거운 물에 익어 문드러져 버렸다면 어떻게 되었을까? 만약 눈에 이상이 생겼다면, 눈썹이 없어져 버렸다면, 귀가 뭉개져 버렸다면, 얼굴이 일그러져 버렸다면, 손가락과 발가락들이 떨어져 나갔더라면 어찌 되었을까? 아! 생각하는 것만으로도 끔찍해서 온몸이 떨려온다. 내 몸의 모든 부분들이 비록 잘나지는 못했더라도 정상적인 모습으로 제자리에 있다는 사실이 정말 감사하다.

고백하자면 당시 나는 물론, 우리 가족들 그 누구도 하나님을 알지 못하던 때였다. 그러니 당연히 기도하는 가족들은 한 사람도 없었다. 그럼에도 불구하고 하나님께서는 나를 긍휼히 여기사 죽음의 위기에서 구해 주시고, 건강하게 자라게 하시고, 흉터 또한 거의 남지 않게 치료해 주시고, 때가 되매 하나님을 믿게 하심으로 구원해 주시고, 더하여 목회자의 사명까지 감당케 하셨으니, 그 섭리하심이 얼마나 놀라운가.

지금도 나는 내 모습을 거울로 비춰 보며 하나님의 은혜에 감사드리곤 한다. 만약 화상 흉터가 온몸에 그대로 남아 있었다면 볼 때마다 무척 고통스러웠을 것이다.

하지만 하나님께서 그 고통의 시간과 내 몸에 남은 흔적까지 깨끗하게 지우셨으니 내 삶의 모든 것이 하나님의 은혜요, 어머니의 헌신적인 보살핌의 결과이다.

"불이 능히 그들의 몸을 해하지 못하였고 머리털도 그을리지 아니하였고"
(단 3:27)

③ 중학교 진학의 꿈을 접고

1960년대가 되었어도 우리집은 힘든 살림살이를 벗어나지 못했다. 하지만 부모님께서는, 형님들을 상급학교에 진학시키지 못한 아쉬움이 크셨는지 막내아들인 나만은 꼭 중학교에 진학시키고자 하셨다.

그러한 이유로 나는 6학년이 되자마자 중학교 진학을 위한 특별반에 들어가서 별도의 공부를 하게 되었다. 내 성적은 그렇게 뛰어난 편은 아니었지만, 상위 그룹에 속해 있었기 때문에 희망을 가지고 진학 공부를 시작했다.

그리고 1965년 12월, 드디어 나는 중학교 합격 통지서를 손에 쥘 수 있었다.

그런데 문제는 생각지 못한 곳에서 생겨났다. 산골 오지였던 우리집에서 중학교로 통학할 수 있는 교통수단이 여의치 않았던 것이다. 시내버스는 아예 없었고, 시외버스도 자주 다니지 않았기 때문에 집에서는 통학을 할 수 없었다. 그러니 중학교를 다니려면 시내에서 하숙을 해야만 하는 상황이었다.

당장 먹을 것도 해결이 안 되는 형편인데, 어떻게 한 달에 쌀 일곱 말씩을 하숙비로 낼 수가 있었겠는가? 그 정도면 온 식구들이 족히 한 달을 먹고살 수 있는 양이었다.

결국 나는 등록금 3,000원과 하숙비(한 달에 쌀 7두(말))를 감당할 수 없어 진학을 포기하고 말았다. 시험에 합격했음에도 진학을 포기해야만 했던 것이 너무나 아쉬워 지금까지 합격 통지서를 간직하고 있다.

이렇듯 당시 가난한 학생들은 공부를 잘해도 등록금이나 하숙비를 감당할 수 없었기에 진학하는 일이 쉽지 않았다.

우리 마을에는 나와 동급생인 친구들이 8명 정도 있었는데, 부잣집 딸이었던 단 한 명만이 시내에 있는 중학교에 진학을 했으니, 진학을 하는 것이 얼마나 어려웠는지 짐작할 수 있을 것이다.

중학교에서 공부할 자격은 충분한데도 단지 경제적인 이유로 진학을 포기해야 했던 나는, 어린 마음에 시내에 있는 중학교를 다니는 동급생이 얼마나 부러웠는지 모른다. 도대체 가난이 뭐길래 하고 싶은 공부를 하지 못하고 포기해야 하는지, 어린 소년의 마음은 슬프기 짝이 없었다.

그러던 중, 농촌의 열악한 현실을 깨달은 몇몇 분의 수고가 모아져 면소재지에 중학원이 세워졌다. 덕분에 시내 중학교에 진학하지 못했던 학생들은 그 중학원에 다닐 수 있게 되었다.

하지만 우리집에서 중학원까지 거리는 족히 20리(8km)가 넘었다. 차가 없으니 당연히 걸어서 통학을 해야 했는데, 말이 20리지 어린 소년의 걸음으로는 빨리 걸어가도 한 시간이 넘게 걸렸다.

봄이나 가을에는 그래도 괜찮았는데 여름에는 더위 때문에, 겨울에는 추위 때문에 얼마나 힘이 들었는지 지금도 그때 겪은 고생이 생생하게 기억난다.

여름에 중학원에 다녀오면 마치 땀으로 목욕을 한 것처럼 온몸이 축축하게 젖어 있었고, 겨울에는 살을 에는 찬바람을 맞아 집에 도착하기가 무섭게 이불 속에 들어가도 얼었던 손과 발, 귀와 코가 녹으면서 주는 아픔이 견디기 힘들어 울음이 절로 나올 정도였으니 참으로 딱한 모습이었다.

하지만 이러한 현실도 공부에 대한 나의 열정을 꺾지 못했으니, 나는 모든 역경을 꿋꿋하게 이겨내며 열심히 중학원에 다녔다.

당시 중학원은 선생님들이 대부분 대학생인 데다 정식으로 인가도 받지 못했기 때문에 검정고시 9과목을 모두 합격해야 중학교를 졸업한 자격이 주어졌다.

그런데 내가 2학년 과정을 마치고 3학년이 될 즈음, 재정적으로 어려웠던 중학원은 결국 문을 닫아 버렸다.

그후 나는 시골집에서 집안일을 도우며 지낼 수밖에 없었다. 내 의지가 아닌 여러 형편 때문에 공부를 하지 못하게 되었으니 무척 괴로웠지만, 언젠가 다시 공부할 수 있는 기회가 올 것이라고 생각하고 꿈을 버리지 않았다.

시골집에서 부모님을 도와 농사일을 하면서도 공부를 포기할 수 없었던 나는, 중학교 과정을 공부할 수 있는 강의록을 구입해 밤에 혼자 공부를 하였다. 낮에는 논과 밭을 다니며 농사일을 하거나, 때로는 땔감을 얻기 위해 지게를 짊어지고 친구들과 함께 산으로 나무를 구하러 다녔다.

초등학교를 졸업하자마자 집안일을 했던 친구들은 일이 손에 익어서 그런지 나무도 잘 구했고 지게질도 잘 하였다. 하지만 체구도 작고, 한동안 공부만 했던 나는 그런 일에 익숙지 않았다.

한 번은 땔감을 잔뜩 쌓은 지게를 지고 내려오다가 넘어지는 바람에 지게가 골짜기로 굴러떨어져 버렸다. 친구들과 함께 떨어진 지게를 끌어 올리면서 얼마나 힘들었는지 애꿎은 지게에다 화풀이를 하기도 했다.

따뜻한 날에는 양지바른 언덕 위에 누워 흘러가는 하늘의 구름을 바라보면서 친구들과 이런저런 이야기를 나누기도 했다.

4

때늦은 공부를 하다

공부에 대한 꿈을 버리지 아니했던 내게 드디어 기회가 생겼다. 결혼해서 서울에 살고 계신 둘째 형님 댁에 올라가 신세를 지게 된 것이다.

1968년, 나는 서울에 가면 중학교에 들어갈 수 있을 거라는 부푼 꿈을 안고 어머니와 함께 형님 댁을 찾아갔다. 중학교 교과서를 야무지게 챙겨 들고 말이다.

어머니는 나를 형님 댁에 데려다 주고 다시 시골로 내려가셨는데, 막내 아들이었던 나는 그때까지도 어머니의 품을 완전히 떠나지 못했던지라 어머니와 헤어지는 것이 마냥 아쉬워 인사도 제대로 드리지 못했다.

어쨌든 공부를 하기 위해 서울로 올라와 둘째 형님 댁에 신세를 지기로 했지만 마음이 편하지 않았다. 좁은 집에 둘째 형님 부부와 어린 조카들, 그리고 이미 신세 지고 있었던 셋째 형님, 게다가 나까지 더하여졌으니 생활이 녹록지 않았던 것이다.

당시 둘째 형님은 건축공사 현장에서 일을 하셨고, 셋째 형님은 양복점에서 기능공으로 일을 하셨지만, 식구들이 많은지라 살림이 그리 넉넉하지 못했다.

결국 나는 생활에 여유가 생길 때까지 양복점 점원으로 들어가 일을 하기로 하였다. 나는 금호동에 있는 조그마한 양복점에 취직했는데, 월급을 받지 않는 대신 기술을 배우기로 했다. 당장 월급으로 푼돈을 받는 것보다 기술을 익혀 두면 후에 더 큰돈을 벌 수 있을 거라 생각했기 때문이다.

그렇게 양복점에서 3년 정도 일하면서 어느 정도 기술을 익힌 나는, 얼마 후에는 하의를 만드는 기술을 습득하였고, 마침내 기능공이 되어 월급을 받는 수준에까지 이르렀다. 그리고 친구의 소개를 받아 노량진에 있는 제법 큰 양복점에 하의 기능공으로 취직하였다.

그 무렵 형님 댁을 나온 나는 마땅히 머물 곳이 없었기에 또래 몇 명과 함께 양복점 공장에서 숙식을 하였다. 그들은 대부분 시골 출신이었는데 나와 마찬가지로 상급학교에 진학을 하지 못하고 기술을 배우기 위해 상경한 처지였다.

일을 마치고 나면 밥은 공동으로 해먹었다. 밥을 해먹었다고 해봐야 공장에는 마땅히 반찬을 만들어 먹을 수 있는 공간도 없었고, 그럴 형편도 못 되었기에 밥에다 마가린과 간장을 넣어서 비벼 먹는 것이 전부였다.

저녁에 잠을 자려고 작업대 위에 누우면, 작업대 밑에 숨어 있던 빈대들이 나와 얼마나 물어뜯는지, 우리는 잠을 자다 말고 일어나 신문지에 불을 붙여 빈대들을 소탕한다며 한바탕 난리를 피워댔다.

그처럼 또래 몇 명이 모여 있으니, 고생은 했어도 돌아보면 재미있는 추억들이 많았던 시간이다.

비록 공부를 할 수 없는 상황이 거듭되었지만, 나는 공부에 대한 미련을 떨쳐낼 수가 없었다. 서울로 온 이유도 돈을 벌기 위해서가 아니라 공부를 하기 위해서였다는 처음의 목표도 결코 잊지 않았다.

그래서 일을 하고는 있지만, '어떻게 하면 다시 공부를 할 수 있을까?' 항상 고민하면서 기회를 엿보았다. 하지만 막상 눈앞에 닥친 현실이 어려우니 선뜻 모든 것을 포기하고 공부를 시작하기가 쉽지 않았다.

그러던 중, 내게 공부를 다시 시작하도록 용기를 주는 친구가 나타났다. 그 친구는 내 초등학교 동창이었는데, 공부를 제법 잘했지만 부모님이 일찍 돌아가시는 바람에 중학교 진학을 하지 못하고 일자리를 찾아 일찍 상경했다고 한다.

누님 집에 기거하던 그 친구는 신문 배달을 하면서도 학원에 다니며 꾸준히 공부하여 중학교 과정을 검정고시로 마치고, 인천에 있는 고등학교 3학년에 편입하여 다니고 있었다.

나는 그 친구를 보면서, '저 친구도 어려움 가운데서 저렇게 공부를 하는데 나라고 못하겠는가.'라는 오기가 생겼다. 결심을 굳힌 나는 양복점을 그만두고 친구를 따라 공부를 시작했다.

처음에는 그 친구처럼 신문 배달을 해봤지만 그것만으로는 학원비조차 충당할 수가 없었다. 검정고시학원의 한 달 수강료는 3천 원 정도였는데 신문 배달을 하면 2천 원 정도밖에 벌 수 없었다. 이렇듯 학원비는커녕 생활비도 부족했으므로, 나는 얼마 견디지 못한 채 다시 양복점에 취직하여 일을 할 수 밖에 없었다.

'형님들이 조금씩 도와주면 되지 않나?'라고 생각하실 수도 있지만, 형님들도 나를 도와줄 수는 있는 형편이 못 되었다. 그리고 형님들에게 말해봤자, '이제 양복 짓는 기술도 어느 정도 익혔으니 늦은 나이에 공부할 생각 하지 말고 차라리 자리 잡고 일하면서 돈을 벌어 저축하는 것이 미래를 위해 더 낫다.'라며 오히려 나를 설득하려 했을 것이다.

하지만 나는 공부하는 것을 포기할 수도, 더 이상 미룰 수도 없었다. 그래서 20살이 되었을 때, 형님들께 이제부터 본격적으로 공부를 시작해 보겠다고 말씀드렸다. 그랬더니 역시나 형님들도, 형수님도 모두 반대하셨다. 지금까지 기술을 배우느라고 고생했고, 이제 기술자가 되었으니 좋은 곳에 취직하여 월급도 웬만큼 받으며 편하게 생활할 수 있는데, 왜 좋은 조건을 포기하고 공부를 하려고 하느냐는 것이다.

나라고 왜 그런 생각을 하지 않았겠는가. 하지만 수없이 고민하고 또 고민하여 내린 결정이었고, 형님들은 내 고집을 꺾을 수 없었다.

나는 친구의 소개를 받아 종로 2가에 있는 종합학원에 취직하였다. 월급을 받는 정식 직원은 아니고 학원 사무실에서 강사들의 심부름을 하는 사환이었다.

칠판을 닦고, 정리하고, 청소하고, 심부름을 하는 틈틈이 교실에서 강의를 듣곤 했는데, 그 대신 학원비를 납부하지 않아도 되었다. 게다가 숙식은 학원 사무실에서 해결할 수 있었다.

사실 동생뻘 되는 중학생들의 뒷마무리를 하면서 공부하는 일은 창피하기 그지없었다. 스무 살이 넘은 청년이 어린 학생들과 어울려 공부한다는 것 또한 그리 쉽지 않은 일이었다.

그래도 나는 공부를 할 수 있었기에 행복했다. 비록 제대로 먹지도 못하고 잠자리도 불편했지만 내겐 공부를 한다는 것 자체가 그 무엇과도 바꿀 수 없는 커다란 기쁨이었다.

그렇게 학원에서 2년 정도 생활하는 동안 나는 거의 매 끼니를 라면으로 때웠다. 그러다 가끔 형님 댁에 가면 오랜만에 맛있는 밥을 실컷 먹을 수 있었다. 때론 학원 선생님들이 종로 2가 골목에 있는 설렁탕집에 데리고 가서 설렁탕을 사주시곤 했는데, 그 설렁탕이 어찌나 맛있었는지 지금도 가끔 그 맛이 생각난다.

학원 수업이 모두 끝나면, 나는 사무실을 정리한 후 잠을 청했는데 언제부턴가 고양이 몇 마리가 학원 주변을 돌아다니면서 울어대는 통에 소름이 끼치는 마음을 꾹 누르며 밤을 지새우기도 했다.

⑤ 농사꾼 대학생

우여곡절 끝에 나는 22살의 나이로 중학교 졸업 과정(9과목) 검정 고시에 합격했다.

나는 곧 학원 사환을 그만두고 행상을 해보기로 했다. 그 이유는 물론 돈을 더 많이 벌 수 있었기 때문이다.

1970년대 중반에는 시내버스 안에서 물건을 판매하는 일명 기아 바이가 있었다. 시내버스 안에서 승객들을 상대로 물건을 파는 것이다. 대부분 자잘한 천 원짜리 상품들로, 시중에서 파는 것보다 싸고 여러 가지 덤도 얹어 주었기 때문에 심심찮게 팔리곤 했다.

동대문 근처에 가면 그런 상품을 공급하는 대리점들이 모여 있었다. 주로 머리빗 세트, 손톱깎이 세트, 볼펜 세트 등 일상적으로 많이 쓰는 제품들을 묶어 천 원에 판매하니 사람들은 큰 부담 없이 구입하였다.

사환을 그만두는 바람에 잠자리가 마땅치 않아진 나는 밤이 되면 제기동으로 갔다. 지금은 모두 철거되었지만 그때만 해도 제기동에는 적은 돈을 내면 하루 저녁 잠을 잘 수 있는 방들이 많이 있었기 때문이다.

이렇듯 낮에는 장사를 하고 저녁이 되면 학원에서 공부를 한 다음 제기동으로 가서 잠을 자는 생활이 이어졌다.

당시 제기동에는 무허가 하숙집과 같은 곳이 많았기 때문에 우범자들이 머물기 쉬워 경찰들의 단속이 있을 때마다 나도 덩달아 피신을 했던 기억이 난다.

어쨌든 나에겐 잠자리를 찾다 단속을 피하는 것보다 더 큰 문제가 있었다. 장사를 하기 위해 물건에 대한 선전문을 수십 번 읽고 또 읽어 완벽하게 암기를 한 뒤 거울을 보고 연습도 열심히 했는데, 막상 버스를 타면 창피한 마음에 선뜻 입이 떨어지지 않는다는 것이었다. 게다가 그때는 시내버스에 안내양이 타고 있었기 때문에 그들의 눈치도 봐야 하니 여간 곤란한 것이 아니었다.

그래도 시내버스에서 판매하는 일을 쉽게 포기할 수 없었던 이유는 우선 시간을 자유롭게 활용할 수 있었고, 천 원짜리 상품을 팔면 400원이 남았으니 이익 또한 많은 장사였기 때문이다.

이 일에도 노하우가 있었는데, 버스를 타기 전에 정류장에서 장사하기에 적절한 차를 물색해야 했다. 손님이 너무 많이 타고 있으면 안 되고, 너무 적게 타고 있어도 안 되며, 적당하게 탑승하고 있어야 물건이 잘 팔리기 때문에 버스를 고르는 것부터가 아주 중요한 일이었다.

그런데 나는 막상 적절한 차를 고른 후에도, 용기가 없어 차를 타지 못하고 망설이다 포기한 적이 한두 번이 아니었다. 처음에는 그렇게 사흘을 허비하기도 했었다.

공부를 하면서 할 수 있는 일을 찾다 보니 서울 시내의 다방을 돌아다니며 은단이나 작은 실용책자들을 팔기도 했었다. 아마도 서울 시내에 있는 다방 중에 안 들어간 곳이 없을 정도로 열심히 돌아다니며 물건을 팔았던 것 같다.

덕분에 다방에서 일하는 분들에게 귀찮게 군다며 구박을 받기도 했지만, 어떤 분들은 시원한 음료수를 건네며 격려해 주시기도 했다. 반면 그 주위를 어슬렁거리던 불량배들에게 걸려 돈을 빼앗기는 설움을 당한 일도 있었다.

만약 지금 그때와 같은 일들을 해야만 한다면 똑같이 할 수 있을까? 아마도 할 수 없을 것 같다. 아무튼 그때는 어디서 그런 용기가 났는지 앞뒤 가리지 않고 정말 열심히 일을 했었다.

이와 같이 낮에는 학비를 마련하기 위해 일을 하고 밤에는 학원에서 공부한 결과 고등학교 졸업 자격 검정고시에 합격하였다. 그야말로 고진감래의 결과라고 할 수 있다. 그때 내 나이가 24살이었다.

나는 이에 만족하지 않고 그 해 대학입학 예비고사에 응시했다. 하지만 기초 없이 쌓아올린 실력이라 낙방하고 말았다.

결국 대학입시 공부는 잠시 접기로 했다. 실력도 부족할 뿐만 아니라 대학 등록금 또한 적잖이 들었기 때문에 직장 생활을 하면서 학비를 벌어 야간대학을 다닐 계획을 세운 것이다.

이후 ○○산업개발이란 회사에 직업훈련생으로 들어간 나는 그곳에서 6개월 동안 전기 용접을 배운 후 회사에 취직했지만, 근무 여건이 마땅치 않아 곧 퇴직하고 아파트 공사 현장에서 용접공으로 일하였다.

조립식 아파트 공사 현장에서 전기용접을 했는데, 상당한 위험이 따르는 일이었다. 하지만 나는 그러한 위험을 무릅쓰고 아파트 공사 현장에서 일을 하며 공부할 기회를 얻기 위해 노력했다.

그즈음 고향에서 부모님을 모시고 계시던 형님이 형편상 서울로 이사를 오시게 되었다. 나는 연로하신 부모님의 수고를 덜어드리기 위해 고향으로 내려갈 수밖에 없었다.

그 후 고향에서 부모님을 도와 농사를 지으면서 열심히 공부하여 1978년, 방송통신대학에 입학하였다. 드디어 꿈에 그리던 대학생이 된 것이다.

하지만 말이 대학생이지 대학교 캠퍼스를 휘젓고 다니며 낭만을 꿈꾸는 것이 아닌, 집에서 라디오를 통해 강의를 듣고 공부하는 대학생이었다.

지금은 지역에 있는 학습관에 가서 직접 강의를 들을 수도 있지만, 그때만 해도 라디오를 통해 저녁 늦게 또는 새벽 이른 시간에 강의를 들었고, 방학 기간에만 학교에 가서 공부를 했다.

당시 방송통신대학은 서울대학교 부설 대학이라 강의를 하시는 교수님들이 서울대 교수님들이셨고, 1980년 2월, 나는 대학에 입학한 지 2년 만에 서울대학교 관악 캠퍼스에서 졸업식을 하게 되었다.

방송통신대학을 2년 만에 졸업한다는 것은 쉽지 않은 일이었다. 대부분의 학생들이 직장 생활을 하면서 공부를 병행했으므로 졸업 학점을 취득하기 어려웠기 때문이다.

나 또한 시골에서 농사를 지으면서 공부했기 때문에 피곤한 몸을 달래가며 새벽과 저녁에 강의를 들어야 했다. 게다가 제출해야 할 과제물 또한 상당히 많았다. 그럼에도 불구하고 공부에 대한 끝없는 열정과 쉬지 않는 노력으로 드디어 사각모를 쓰고 서울대학교 관악 캠퍼스에서 졸업식을 하게 된 것이다.

방송통신대학을 졸업한 것이 뭐 그리 대단한 일인가, 라고 생각하실 수도 있다. 그러나 공부하기 참으로 어려운 환경 속에서도 포기하지 않고 그야말로 피나는 노력 끝에 졸업장을 거머쥔 나는 나 스스로가 너무나도 대견했고, 참으로 가슴 벅찬 일이었다.

감사하게도 함께 고생하며 공부했던 고향 친구들이 졸업식장에 참석하여 나를 축하해 주었다.

6 교통사고 중에 임한 기적

방송통신대학을 다니던 중, 나는 시내에 있는 신학교에 야간으로 입학했다. 그리고 낮에는 농사를 짓고, 밤에는 시내로 신학 공부를 하러 다니는 생활을 이어갔다.

낮에 힘든 농사일을 하고 난 후 충분한 휴식도 없이 밤에 공부를 하는 것은 쉽지 않은 일이었지만, 내겐 공부하는 것이 즐거운 일이었기에 힘든 줄도 몰랐다.

당시 내 고향에서는 재래식으로 농사를 지었는데, 주로 소를 이용해서 논과 밭을 갈았다. 이렇듯 대부분의 농사를 소를 이용하여 지었으므로 능률이 떨어졌다.

그래서 나는 경운기를 구입했다. 마을에서 처음으로 경운기를 마련한 것이기에 품삯을 받고 이웃들의 논갈이나 밭갈이를 해 주었다. 또한 벼를 수매하기 위해 면소재지까지 벼를 담은 포대를 운반하는 일, 농약을 치는 일 또한 내가 도맡아서 해야 했다.

우리집 농사를 지으며 공부도 하고, 마을 분들의 일까지 돕기에는 무리가 있었지만, 그래도 신학을 공부하는 믿음의 학생으로서 사랑을 나누는 마음으로 그 일들을 감당했다.

그러던 중, 내 인생에서 결코 잊지 못할 사건이 일어났다.

낮에는 일을 하고 야간에는 신학교를 다녔던 나는, 그날도 변함없이 늦은 공부를 마친 후 막차를 타고 집으로 돌아가는 중이었다. 그때가 1979년이었으니 국도는 아직 포장되어 있지 않았고, 도로도 좁았기 때문에 확장공사를 하고 있었다.

그런데 산자락으로 난 도로를 지나는 도중에 바윗덩어리들이 버스 위로 떨어져 내렸다.

그 도로의 한쪽은 절벽으로 되어 있었고, 반대쪽에는 시냇물이 흐르고 있었는데, 도로를 확장하기 위해 절벽 쪽에 있는 큰 바위를 제거하려고 발파 작업을 한 후, 미처 그 잔해를 치우지 않은 채 임시로 도로를 개통하였던 것이다. 그런데 내가 탄 시내버스가 그곳을 지나는 순간, 쌓여 있던 바위 잔해들이 달리는 시내버스 위로 쏟아져 내린 것이었다.

버스 안은 한순간에 아수라장이 되어 버렸다. 깜깜한 밤에 바위들이 버스 위로 쏟아져 버스 천장이 바닥에 닿을 정도로 내려앉았으니 그야말로 아비규환의 현장이 따로 없었다. 그 버스에는 면소재지에 있는 중학교 학생들이 많이 타고 있었는데, 여기저기서 사람 살려 달라는 소리가 들려왔다.

바위는 대부분 버스 앞부분으로 쏟아졌는데, 운전사 바로 뒤쪽에서 있었던 나는 사고 지점으로부터 불과 50여 미터 전방에서 중간 지점으로 옮겨 앉았기 때문에 부상을 피할 수 있었다. 끔찍한 불운이 비껴가는 참으로 아슬아슬한 순간이었다.

버스 문까지 부서졌기에 나는 창문의 유리창을 깨고 밖으로 나왔다. 하지만 다친 사람들을 외면할 수 없어 다시 버스 안으로 들어갔다. 그러고는 사람들과 함께 버스 안에 있던 부상자들을 버스 밖으로 끌어냈다.

병원으로 환자들을 이송하는 것을 돕고, 나 또한 병원에서 밤을 지냈다. 사고 당시에는 정신이 없어서 몰랐지만, 다음날 아침 집으로 돌아와 피범벅이 된 옷을 입고 있는 내 모습을 보니 갑자기 나도 모르게 눈물이 왈칵 쏟아졌다. 많은 사람들이 다쳤기에 슬픈 생각이 들어서 그랬는지, 큰 사고를 당하고도 무사히 살아남았다는 안도감에서 그랬는지 알 수 없는 일이었다.

그 사고로 인하여 연세가 지긋한 어떤 여자 분이 유명을 달리하셨고, 여중생 두 명이 중상, 그 외 다수는 경상을 입었다. 중상을 입은 여학생들은 나와 같은 교회에 다니는 학생들이었다. 아는 얼굴들이었기에 마음이 더욱 아팠다.

한 여학생은 오랫동안 의식이 돌아오지 않아 교회 사람들이 모두 모여 회복을 위해 기도해 주었다. 그리고 전능하신 하나님께서 우리의 기도에 기꺼이 응답해 주셨다. 그 여학생은 곧 정신을 차렸고 무사히 퇴원하여 지금은 결혼해서 잘살고 있으니 참으로 감사한 일이 아닐 수 없다.

그 사고 지점은 큰 바위가 섬처럼 솟아 있어 섬바위라고 불릴 정도였다. 옛날에 미군들이 차를 타고 그곳을 지나가려다 그 바위를 보고 무너져 내릴까 두려워 되돌아갔다는 일화까지 있다. 물론 지금은 그 옆으로 4차선 도로가 생겨서 그러한 위험은 없어졌다.

어쨌든 그 사고로 나는 하나님께서 나와 항상 함께 계셔 보호해 주시는 은혜를 몸소 경험했다.

만약 사고 지점 50여 미터 전에 뒤쪽으로 자리를 옮기지 않았더라면, 버스 앞부분에 있었던 나는 큰 봉변을 당했을 것이다. 내가 서 있었던 그 자리에 바위 잔해가 가장 많이 쏟아져 내렸기 때문이다. 불과 몇 십 초 전에 자리를 이동하여 생명을 건진 것이다.

아! 이 얼마나 기적 같은 일인가!

그러니 내가 어찌 하나님께서 나와 항상 함께하심을 믿지 않을 수 있으며, 큰 위험 가운데 나를 지키신 하나님께 감사드리지 않을 수 있겠는가.

"네가 물 가운데로 지날 때에 내가 너와 함께할 것이라"(사 43:2)

2장

주님의 부르심

서울시 공무원 생활

둘째 형님이 고향집으로 내려와 살게 되자, 나는 서울에 있는 넷째 형님 댁에 기거하며 공무원 시험을 준비하였다.

불과 몇 개월밖에 준비하지 못했지만, 나는 서울시 공무원 시험에 무난히 합격하였고, 1980년 1월부터 서울시에서 공무원 생활을 시작했다.

지금은 공무원 시험에 합격하기가 그야말로 하늘의 별 따기만큼 어렵다고 하지만, 1980년대만 해도 그렇게 치열하지 않았다. 그렇기에 몇 개월 공부한 나도 단번에 합격할 수 있었던 것이다. 물론 내 합격의 가장 큰 비결은 하나님의 은혜가 함께하심이다.

공무원 시험을 준비할 때 함께 공부했던 고향 친구도 많은 도움이 됐다. 주로 남산 도서관에서 만나 함께 공부를 하곤 했는데, 공부를 하다가 점심 시간이 되면 집에서 싸온 도시락을 같이 먹으며 이야기도 나누고 격려도 하면서 스트레스를 풀었다. 물론 나와 함께 공부했던 그 친구도 공무원 시험에 당당히 합격했다.

우리는 공무원 연수원에서 몇 개월 간의 연수를 마친 후, 정식으로 발령을 받아 공무원 생활을 시작하였다.

1980년대 공무원들의 처우는 열악하기 그지없었다.

나는 당시 지역개발이 한창이었던 서울 강동 지역에서 근무를 했는데, 핑계일지 모르나 그때까지만 해도 사회는 혼란스러웠고, 법에 따라 바르게 처리하면 오히려 일이 제대로 돌아가지 않는 상황도 생기는 아이러니가 가득한 세상이었다.

그 결과 신앙인으로서 양심에 꺼려지는 일들이 자주 발생했고, 어쩔 수 없이 불의와 타협하려다 보면 타성에 젖어 양심이 무디어져 가는 것을 깨닫게 되었다.

그런 마음을 다잡으며 나는 교회에 빠지지 않고 출석하였다. 강동 지역에서 마포 지역까지는 버스로 한 시간 이상 소요되는 거리였지만, 나는 한 주일도 빼놓지 않고 열심히 교회에 나갔다.

그렇게 외형적으로라도 열심히 충성하니 초대 총각 서리집사가 되었고, 또 성가대 지휘자로, 중고등부 교사로, 청년부 임원으로 열심히 봉사하며 사회와 교회를 오가는, 그야말로 이중 생활이 계속되었다. 나는 그와 같은 모습으로 계속 생활하다가는 참된 신앙을 잃어버릴 것만 같아 두려웠다.

그리하여 나는 흔들리는 신앙도 붙잡고 못다한 공부도 마치기 위해 △△신학교 야간반에 2학년으로 편입하였다. 그리고 낮에는 공무원으로, 밤에는 신학생으로 신학 공부를 하며 지냈다.

하지만 양쪽에 한 발씩 걸쳐 놓은 채로는 어느 한쪽에서도 만족을 느낄 수가 없었다.

결국 나는 공무원을 그만두기로 결정하고, 공무원 생활을 시작한 지 1년 4개월 만인 1981년 4월, 사직서를 제출했다.

물론 주변에서는 반대를 많이 했다. 지금도 그렇지만 공무원은 철밥통이라 불릴 정도로 특별한 일이 생기지 않는 한 정년이 보장되었기 때문이다.

나는 사직서를 제출하고도 여러 번 반려당했으나 공무원을 그만두겠다는 결심을 꺾지 않았다. 힘들게 시험에 합격해서 얻은 직장을 아무런 대책도 없이 그만둔다고 생각하니 두렵기도 했지만, 제대로 된 신앙생활을 하기 위해서는 어쩔 수 없는 선택이었다.

당시 나와 함께 공무원 시험을 준비하고 같이 합격했던 친구는 내가 그만둔 후에도 공무원 생활을 계속하였는데 몇 년 전 대장암으로 유명을 달리하고 말았다.

그 친구가 요양시설에 머물러 있는 동안 자주 찾아가 함께 공부했던 시절을 추억하며, 그의 회복을 위해 두 손 꼭 잡고 기도도 많이 해주었는데, 먼저 하늘나라로 떠나고 말았으니 참으로 안타깝다.

만난 지 3개월 만에 결혼

공무원을 그만두고 신학교에 다니던 나는 같은 교회에서 신앙생활을 하던 집사님의 소개로 선을 보게 되어 지금의 아내를 만났다. 당시 나와 아내는 둘 다 30살이었다.

혼기가 꽉 찬 나이였기에 우리는 결혼 준비도 제대로 하지 못한 채 만난 지 3개월 만에 결혼식을 올렸다.

평택이 친정인 아내는 유복한 집의 장녀로 태어나 온 집안의 기대를 한 몸에 받고 살아온 사람이었다. 아내는 평택여고를 졸업한 수재였고, 장인어른은 미군부대 군속으로 오랫동안 근무하고 계셨다.

2남 2녀 중의 장녀였던 아내는 사정상 대학에 진학하지 않고, 서울에서 공부하는 동생들과 함께 생활하고 있었다.

아내는 집에서 학생들을 가르쳤는데, 정부에서 과외를 금지하기 전까지는 몇 십 명씩 가르칠 정도로 꽤나 잘 나가는 과외 선생님이었다. 서울에서 시작한 신앙생활도 열심히 하였는데, 주일학교 교사와 성가대원으로 봉사하였으며, 새벽기도는 물론 철야기도에도 열심을 내어 교회에서 인정을 받았고, 또한 전도에도 은사가 있어 전도왕이 될 정도로 충성스런 믿음의 일꾼이었다.

그런 아내를 좋게 보신 목사님께서 여러 번 남자를 소개시켜 주셨는데 대부분 신학생들이었고, 아내는 사모가 될 수 없다는 이유로 모두 거절했다고 한다.

그러던 중 같이 신앙생활을 하던 자매가 내가 다니던 교회 청년과 결혼을 하게 되었고, 그 자매의 소개로 나와 만나게 된 것이다.

아내와 교제를 시작했을 무렵, 나는 공무원을 그만두고 신학교에 다니고 있었다. 아내는 목회자의 아내가 될 자신이 없으니 사모는 되지 않겠다는 조건을 내세우며 나와 만났지만, 결국 꽉 찬 혼기의 압박을 이기지 못하고 만난 지 3개월 만에 나와의 결혼을 결정하게 된 것이다.

그런데 정작 문제는 아내가 아니라 처갓집이었다. 변변한 직장도 없는 사람이요, 그렇다고 집안의 도움을 받을 형편도 못 되는 처지인데다가, 경기도 사람들이 싫어하는 전라도 사람이기에 아내의 가족들이 나를 반대했던 것이다.

소도 언덕이 있어야 비빌 텐데 달랑 몸 하나만 가지고 있는 내게 귀한 딸을 보낼 수가 없으셨던 것이다. 하긴 내가 생각해도 그런 조건을 가진 사람에게 귀한 딸을 선뜻 줄 수는 없었을 것이다.

하지만 아내는 집안 사람들의 반대를 무릅쓰고 나와의 결혼을 결정했다. 공무원이라는 쉬운 길을 마다하고 참된 신앙을 지키려고 어려운 길을 택한 내 모습이 아내의 마음을 사로잡았으리라.

어쨌든 현실적으로는 가진 것 없는 나를 택함으로써 고생이 뻔히 보이는 길을 가게 된 아내는 예상대로 힘든 결혼생활을 해야 했다.

나야 어렸을 때부터 고생을 하면서 살아왔기에 웬만한 일은 대수롭지 않게 지나칠 수 있었지만, 유복한 집안의 딸로 귀하게 자란 아내에게는 넉넉하지 못했던 생활이 무척 힘들었을 것이다.

이미 지나간 세월이지만, 나처럼 부족한 사람을 만나 여러 면에서 고생을 많이 한 아내에게 항상 고맙고 미안한 마음뿐이다. 아무튼 그처럼 나를 반대하셨던 장인어른과 장모님께서 후에는 맏사위를 잘 얻었다고 좋아하셨다.

물론 귀한 딸을 데려다가 경제적으로 넉넉지 못한 생활로 인해 고생시킨 것을 생각하면 속이 상하셨을 것이다. 그러나 부족한 가운데서도 내가 가정을 잘 꾸려나가기 위해 힘쓰고, 장인어른과 장모님께도 효도하기 위해 나름대로 노력한 것을 인정해 주신 것이리라.

장수하셔서 맏사위의 효도를 더 오래 받으셨어야 했는데, 두 분 모두 일찍 하늘나라로 가셨으니 참으로 안타깝다.

회를 좋아하셔서 가끔 찾아뵐 때마다 회를 떠다 드리면 맛있게 잡수시던 장인어른의 모습이 너무나 그립다.

③ 첫아이가 태어나다

1982년 7월 10일 몹시도 무더운 여름날, 나와 아내는 아내가 다니던 문화촌교회에서 결혼식을 올렸다.

금전적으로 전혀 준비가 안 되어 있었던 터라 형님께 약간의 돈을 빌려 결혼식은 치렀지만, 이제부터 나는 가장으로서 한 가정의 생계를 책임져야 했다.

나는 이런저런 고민 끝에 신학교를 한 학기만 다닌 채 휴학하고 농기구 장사를 시작했다. 소먹이로 쓰이는 마른 풀 등을 절단하는 커터기를 축산 농가에 판매하는 일이었다.

커터기를 차에 싣고 농장을 찾아다니면서 판매를 해야 했기 때문에 부랴부랴 운전면허증을 취득하고, 소형 1톤 트럭을 구입하여 형님과 함께 경기도 일대를 돌아다니면서 판매를 시작했다. 하지만 기계를 판매하는 일은 생각보다 쉽지 않았다.

그러던 중에 첫아이가 태어났다. 아내는 노산이었기에 서울대병원에 입원하여 아이를 낳기로 했다. 당시 같은 교회에 출석하고 있던 자매가 서울대병원 간호사로 근무하고 있었기 때문에 여러 면에서 안심이 되었다.

그런데 초산이라 진통 시간이 어찌나 길었던지 그저 지켜볼 수밖에 없었던 나는 안타깝기 그지없었다. 지금은 제왕절개라는 수술을 통해서 비교적 쉽고 빠르게 아이를 분만하기도 하지만, 당시에는 대부분의 산모들이 자연분만을 하였다.

무려 16시간의 진통 끝에 나와 아내의 첫아이는 세상 밖으로 나왔다. 원래도 건강한 체질이 아닌 데다 31살의 첫 출산이었으니, 아내가 그 오랜 산고의 시간을 어떻게 견디어냈을지 나는 감히 상상할 수도 없다. 더구나 분만실에 들어갈 수가 없었으므로, 나는 하나님께 아내를 온전히 맡긴 채 분만실 앞을 왔다갔다하며 오직 기도에만 힘썼다.

아내와 아기를 위해 분만실 앞에서 기도하는 남편, 참으로 아름답고 고귀한 모습이다. 비록 고통을 나누진 못하지만 분만 후 이런 나의 모습을 전해 듣는다면 아내도 위안을 얻으리라.

하지만 나는 이 기특한 모습을 한순간에 날려버리는 어처구니없는 실수를 하고 말았다.

식사 시간이 되자 병실로 밥이 제공되었는데, 철부지 남편은 무심코 그 밥을 받아 먹었던 것이다.

아내는 분만실에서 열 시간이 넘도록 사경을 헤매고 있는데 남편이란 사람은 밥을 먹고 있었다니, 그것도 아내의 몫으로 나온 밥을 말이다. 지금 생각해도 말도 안 되는 행동을 하고 만 것이다.

결국 이 일을 알게 된 아내는 몹시 서운해하였다. 어떻게 남편이라는 사람이 아내가 산통으로 죽을 고생을 하고 있는데 천연덕스럽게 밥을 먹을 수 있느냐는 것이었다.

당연히 그럴 수 없는 일이었다. 그런데 이미 밥은 먹고 난 뒤였으니, 나는 진심을 다해 미안하다며 사과했지만 수십 년이 지난 지금까지도 그 사건으로 공박을 하곤 한다.

게다가 아직 철부지 남편의 모습을 버리지 못하고 가끔씩 아내의 마음을 서운하게 하는 일을 하고 마니 나 스스로도 언제쯤이나 철이 들지. 아니, 그런 날이 내 평생 오기나 할까.

'딸딸딸이' 아빠

야심차게 시작했던 농기구 사업은 생각대로 풀리지 않았다.

나는 결국 농기구 사업을 접고, 건어물을 중심으로 채소류와 식료품을 판매하는 작은 가게를 열었다. 가락동 농수산물 시장이나 용산 시장에서 물건을 도매로 사다가 소매로 파는 것이었다.

새벽부터 시장에 가서 물건을 떼어다가 종일 장사를 하고 밤이 되어서야 녹초가 된 몸을 이끌고 집에 들어서면 아이가 잠을 자지 않고 울며 보채니, 그야말로 밤낮으로 전쟁을 치르는 형국이었다.

이러한 생활이 반복되자 나도 아내도 정신적으로 육체적으로 극심한 피로에 시달렸다. 또한 경제적으로도 여전히 어려우니 자연히 가정불화가 잦아졌다.

그런 와중에 아내는 둘째를 임신하였다. 원래는 한 명만 낳기로 약속하고 첫아이를 낳은 후에 나름대로 조심을 하긴 했는데, 그만 임신이 되고 만 것이다.

만약 입덧을 했다면 임신을 의심했을 텐데 아내는 입덧을 하지 않았고, 또한 피임을 했기 때문에 임신이 된 줄은 꿈에도 생각지 못했다. 그런데 느낌이 이상해서 병원엘 갔더니 이미 임신 5개월이었던 것이다. 그동안 임신이 된 줄 모르고 감기약이며 이런저런 약을 복용했던 아내는 깜짝 놀랐다.

임신 중에 약을 복용했으니 여간 염려스러운 일이 아니었지만, 아내와 나는 하나님께서 허락하신 자녀임을 믿고 의지하며 태중의 아기가 건강하게 자라기를 기도했다.

여러 가지로 힘든 때라 아내는 음식도 잘 먹지 못하고, 정신적으로도 힘든 시간을 보냈다. 게다가 출산할 때 태가 나오지 않아 큰 고생을 하기도 했다. 훗날, 만약 태가 제대로 나오지 않았다면 산모의 생명이 위험했을 것이라는 소리를 듣고 나는 놀란 가슴을 쓸어내려야 했다. 하지만 우려와는 달리 산모도 건강하고, 아기 또한 우량아로 무사히 태어났으니 역시 자녀를 얻는 것은 하나님이 예비하여 이루시고 지키시는 것이리라.

어쨌든 아기를 출산하여 힘든 중에도 또 딸이라는 소리에 아내는 "여보! 또 딸이래. 어떻게 해."라며 내게 미안해했다.

그때 남편이라는 사람이 "괜찮아, 여보. 수고 많이 했어. 딸이든 아들이든 건강하게 태어났고, 당신 몸도 아무 이상 없으면 됐지."라고 위로의 말을 건넸어야 했는데, 못난 남편은 "별수 없지 뭐!"라고 대답했으니, 나는 첫째에 이어 둘째 때에도 아내의 마음을 서운하게 한 나쁜 남편이 되고 말았다.

아내는 지금도 두고두고 그때의 서운했던 마음을 말하곤 한다. 마음고생, 돈고생, 그야말로 고생고생만 시키고도 모자라 아기를 낳은 아내에게 따뜻한 말 한마디 건네지 못한 못난 남편이었음이 분명하니 변명의 여지가 없다.

어쨌든 둘째 딸을 출산한 아내는 한 달 동안 친정집에 머물며 산후조리를 하였다. 만약 친정집이 어려웠다면 산후조리조차 힘들었을 터인데 첫째를 낳았을 때도, 둘째를 낳았을 때도 모두 친정집에서 장모님의 보살핌을 받을 수 있었으니 그나마 다행스런 일이다.

첫째와 둘째는 연년생으로 태어났는데, 첫째가 6월생, 둘째가 그 다음해 5월생이니 둘 사이의 터울이 불과 11개월이 채 안 되었다.

나와 아내는 자녀 계획을 한 명으로 세웠지만, 하나님께서 모든 것을 예정하셨으니 6년 후 또다시 귀한 딸을 얻었다. 그래서 나는 세 딸을 둔 일명 '딸딸딸이' 아빠가 되었다.

하나님께서 예비하신 세 딸은 하나님의 은혜로 건강하게 자라 지금은 대학 공부까지 마치고 좋은 직장에 취직하여 각자의 자리에서 자신의 몫을 하고 있으니, 내겐 열 아들 부럽지 않은 소중하고 자랑스런 딸들이다.

회개의 기도

돌이켜보면 결혼하고 나서 2, 3년 동안은 정신적, 육체적, 물질적인 고통을 많이 겪은 시기였다. 미처 자리를 잡지 못한 터에 연년생으로 두 딸이 태어났고, 하는 일마다 잘 되지 않았으며, 더하여 아내의 건강도 좋지 않았으니 어찌 평안할 수 있었겠는가.

특히 연년생으로 아이를 출산한 아내는, 밖에서 일을 하는 나를 대신해 아이들을 홀로 양육해야 했던 만큼 눈에 띄게 지쳐갔다.

하지만 내가 하던 장사는 시간이 지나도 나아질 기미가 보이지 않았다. 우리는 결국 하던 일을 정리하고 홍제동 산꼭대기에 있는 허름한 집을 3백만 원에 전세로 얻어 이사를 해야 했다.

크기도 작은 데다 산꼭대기에 있으니 춥기도 하고, 아내가 제일 싫어하는 쥐들도 왔다갔다하는 허름한 집이었다. 게다가 좁은 골목길을 힘들게 올라가야만 하는 곳에 자리하고 있었다. 그렇기에 한참 아래쪽에 있는 버스 정류장을 오가는 일은 상당한 고역이었다.

어쨌든 당장 먹고살 길이 막막했으므로, 나는 시골장을 돌아다니며 장터에서 옷을 파는 일을 시작했다. 동대문 평화상가에서 옷을 도매로 구입하여 시골 장터에서 소매로 파는 것이었다.

나는 같은 교회에 다니던 집사님과 함께 강화 5일장, 김포 5일장 등을 돌아다니며 장돌뱅이의 삶을 살았다.

그런데 그 일 또한 잘 되지 않았다. 수입도 일정치 않았고, 무엇보다 나처럼 얼굴 얇은 사람이 장을 돌아다니면서 물건을 판매한다는 것은 결코 쉽지 않은 일이었기 때문이다.

결국 장사를 접고 직장을 얻기로 한 나는 아는 분을 통해 회사에 취직하기로 하였다. 이왕 결심한 나는 옳지 못하다는 것을 알면서도 커미션 명목으로 필요한 50만 원을 처이모님께 빌려 인사 담당자를 만나기 위해 회사가 있는 부평으로 갔다.

하지만 끝내 인사 담당자를 만나지 못하고 집으로 돌아오는 중에 형님 댁에 전화를 걸었더니 빨리 서울대병원 응급실로 가보라고 하였다. 첫째 딸이 119 구급차량을 타고 병원에 실려 갔다는 것이었다.

택시를 타고 서울대병원을 향해 가면서 나는 하나님께 울부짖었다. 목회자의 길을 포기하고 세상길로 간 것도 모자라, 세상적인 어려움을 옳지 못한 방법으로 이겨내려 한 탓으로 이런 불행이 닥친 것만 같았다.

나는 "하나님! 제가 잘못했습니다. 부디 우리 아이를 살려주세요."라고 간절히 기도하며 목회자의 길을 포기하고 세상길로 가려 했던 잘못을 회개하였다.

응급실 앞에 도착하니, 나를 기다리고 있던 아내가 달려오며 소리쳤다.

"여보, 빨리 잘못했다고 회개하고 주의 길을 가겠다고 손들어요!"

내가 이곳으로 오며 깨달았던 사실을 아내 또한 똑같이 깨달은 모양이었다.

아내는 내가 목회하는 것에 대해, 자신이 부족하여 받쳐줄 수 없다며 반대했었다. 그런데 아이가 쓰러지는 것을 보고는 하나님께서 세상길로 걸어가는 어린 양을 주의 길로 인도하시려는 게 아닐까 하고 생각한 것이다.

아내의 말을 들은 나는 "그래, 나는 이미 손들었어."라고 대답했다.

응급실에 들어가니 딸아이의 자지러지는 울음소리가 계속 울려퍼지고 있었다. 딸아이는 사지가 경직되어 있었는데, 눈 또한 정상으로 보이지 않았다. 의사들에게 물어봐도 여러 가지 검사만 할 뿐 속시원히 대답해 주지 않았다.

다행히 병원에 근무하는 간호사 중에 같은 교회에 출석하는 자매가 있어 물어보았더니, 아이의 상태가 심상치 않다고만 전해주었다. 그 말을 증명이라도 하듯 척수액 검사를 하고, CT 촬영을 하는 등 검사는 밤새도록 이어졌다.

우리 부부는 간절한 마음을 모아 쉬지 않고 하나님께 기도드렸다.

"하나님, 제가 잘못했습니다. 부족하지만 이제부터라도 주의 길을 가겠습니다. 부디 우리 아이 뇌수술을 하지 않게 해주세요. 수술하지 않고도 완벽하게 나음을 받아 정상적으로 살게 해주세요."

그리고 다음날 아침 검사 결과가 나왔는데, 할렐루야! 그렇게 염려했던 아이의 상태가 정상으로 돌아왔다는 것이었다.

병원비 또한 주님의 예비하심인지 48만여 원이 나왔는데, 내가 취직하기 위해 커미션으로 준비했던 50만 원으로 충분히 해결할 수 있었다. 나는 미련없이 그 돈으로 병원비를 치렀다.

집으로 돌아와서야 나는 딸아이가 병원에 실려 갔던 이유를 알게 되었다. 외갓집 툇마루에서 놀다가 떨어졌는데 그때 머리를 바닥에 심하게 부딪혔다는 것이다.

당시에는 괜찮았었는데 집으로 돌아온 뒤에 갑자기 경련을 일으키며 눈이 뒤집어지고 사지가 경직이 되었다니 얼마나 놀랐겠는가?

급히 가까운 곳에 있던 소아과로 달려갔더니 상태가 심상치 않다며 빨리 큰 병원으로 가라고 해서 119구급차를 이용하여 서울대병원으로 갔다는 것이다.

어쨌든 전능하시며 자비로우신 하나님께서 내 회개의 기도를 받으시고, 긍휼을 베푸사 아픈 아이를 온전히 회복시켜 주셨으니 어찌 하나님 아버지께 감사와 영광을 돌리지 않으리요.

다시 목회자의 길로

첫째 딸의 입원 소동으로 나는 두 가지 사실을 깨닫게 되었다.

첫 번째는 의사들도 장담할 수 없었던 아이를 하나님께서 정상적으로 회복시켜 주심과 같이, 아무리 힘들고 어려운 일을 당할지라도 하나님께 의지하고 믿음으로 기도하면 하나님께서 응답하사 기적을 이루어 주신다는 것이다.

두 번째는 주의 길을 가지 않고 세상길로 가고 있는 내게 하나님께서 아이의 사고를 통해 깨우침을 주셨다는 사실이다.

자의로 택한 세상일은 뜻대로 풀리지 않아 가족들을 고생길로 들어서게 했고, 취직을 하기 위해 세상과 타협하여 옳지 못한 방법까지 쓰려고 했다니 지금 생각해도 부끄러운 일이다.

빨리 정신을 차리고 목회자의 길을 갔었더라면 마음고생이라도 덜했을 터인데, 어리석은 사람이라 깨닫지 못하고 제 고집대로 살다가 밑바닥 인생으로 전락할 뻔한 것이다.

나는 원래 기도받는 것을 별로 좋아하지 않았다. 하지만 우연인지 필연인지 결혼 초기에 예언 기도를 받을 기회가 있었다. 그때 받은 예언의 내용이 목회자의 길로 가야 한다는 것이었다. 그러나 우연히 받은 예언의 결과가 정확하지 않을 것이라 멋대로 판단하고 목회자의 길을 외면하고 있었던 것이다.

아내도 함께 그 예언을 들었지만, 목회자의 아내라는 자리를 감당할 자신이 없었기에 우리는 둘 다 그 사실을 부정하고 지냈다.

하지만 나와 아내가 가야 할 길을 예비하셨던 하나님께서는 이미 삶의 곳곳에서 우리에게 예정되어 있던 길을 보이셨다.

나는 청년 시절부터 여의도순복음교회에 다니며 성가대 대원으로 활동하였고, 금요철야기도회나 삼각산 철야 산상예배에도 빠지지 않았다.

그리고 여름철에는 오산리금식기도원으로 가서 일주일 금식기도 성회에 참석하는 등 열성적으로 섬기게 하사 총각 때 서리집사로 세워 주셨다.

고향 교회에서 신앙생활을 할 때는 전도사님이 서울에 있는 신학교에 공부를 하러 가시면 수요일 저녁예배 때 설교를 할 수 있는 기회를 주시어 나를 훈련시키셨다. 또한 어려운 가운데서도 신학교에 들어가게 하사 신학 공부를 하게 하셨다.

아내 역시 사모의 길을 가야 될 사명을 가지고 있었다.

처녀시절부터 새벽기도에 열심을 낸 것은 물론이요, 금요철야기도회에도 빠지지 않았고, 주일학교 교사와 성가대 대원, 전도대원으로 교회 곳곳에서 쉬지 않고 충성할 정도였으니 말이다.

이렇듯 나와 아내는 이미 목회의 길을 가야 할 사명을 받았음에도 불구하고 이런저런 핑계를 대며 세상길로만 갔으니, 하나님께서 보시기에 얼마나 안타까우셨을까.

어리석은 우리는 하나님께서 목회자의 길로 가야 함을 깨닫게 하지 않으셨더라면 아직도 세상 속에 살며 시련과 고난의 길을 헤매고 있었을 것이다.

늦게라도 잘못된 길에서 나와 바른 길을 가게 하신 하나님 아버지께 다시 한번 감사와 영광을 돌린다.

첫째 딸의 사고로 인해 세상길로 갔던 잘못을 깨달은 나는, 하나님께서 예비하신 목회의 길을 가고자 다시 신학 공부를 하기로 결정하였다. 그래서 신학교 2학년 2학기 복학을 신청했다.

믿음으로 마음을 다잡긴 했지만, 경제적으로는 아무런 대책도 없이 복학을 했으니 등록금은 당연히 납부하지 못한 상태였다. 생활비도 모자라는데 어찌 등록금을 낼 수 있었겠는가.

나는 어쩔 수 없이 낮에는 돈을 벌고, 밤에 공부를 하기로 하였다.

두 학기나 등록금을 내지 못한 나는 학교로부터 경고를 받기도 했다. 하지만 3학년 2학기 때쯤에는 밀린 등록금을 모두 납부할 수 있었고, 무사히 신학교를 마쳤다. 이 모든 것이 하나님께서 베푸신 은혜의 결과이다.

학교를 다닐 때, 그래도 전국 여기저기에서 온 개성 있는 친구들 덕분에 재미있는 일들이 많이 있었다.

나처럼 야간에 공부하는 학과에는 직장에 다니고 있는 학생들이 많았는데, 낮에는 직장 생활을 하고 밤에는 믿음의 열정에 불타 피곤한 몸을 이끌고 신학을 공부하며 목회의 꿈을 꾸는 목회자 후보생들이었다.

그중 나와 나이가 비슷한 학생이 있었는데, 그 친구의 직장은 서울구치소였다. 그는 학교에 와서 저녁식사를 하고 공부를 하곤 했는데, 그래도 직장에 다녀 경제적으로 여유가 있었으므로 항상 내 저녁식사 값을 내주었다.

우리는 주로 쉽고 빠르게 준비할 수 있는 라면을 먹었는데, 식사를 하면서 이런저런 대화를 나누다 보니 더욱 친해질 수 있었다.

그 친구는 나이가 꽤 들었는데도 결혼을 하지 않은 총각이었다. 부모님은 안 계시고 결혼한 누님이 한 분 계신다고 했으니 참으로 외로운 처지였다.

이러한 사정을 알게 된 나는 아는 장로님을 통해 미혼이었던 전도사님을 그에게 소개해 주었다. 그리고 마음이 통한 두 사람은 곧 결혼을 했다.

늦게 만나 결혼한 만큼 오래오래 행복하게 살았어야 했는데, 인천에서 개척교회를 하던 친구는 그만 심장마비로 유명을 달리하고 말았다. 6살 된 아들과 몇 개월 된 신생아를 두고 세상을 떠난 것이다.

그 소식을 듣고 얼마나 마음이 아팠는지. 평상시 몸 관리를 잘 하는 편이라고 생각했는데 그리도 허무하게 가 버리다니. 죽고 사는 것은 사람이 알 수 없는 영역인 것 같다.

그 후 사모님과 자녀들은 한동안 한국에 있다가 친정이 있는 미국으로 갔다고 한다. 소중한 친구이자 훌륭한 목회자를 잃었으니 참으로 안타까운 일이었다.

또 한 친구는 모 방송국 기자였는데, 선교의 열정에 불타 신학교에 입학하였다고 했다. 그 친구 역시 나와 나이가 비슷해서 대화도 잘 통했고, 취재를 다닐 때 같이 어울려 다니기도 했다.

이후에도 계속해서 기자 생활을 하던 그는 지금은 모 대학교의 교수로 재직하고 있으며, 서울 어느 교회의 장로로 충성하고 있다.

3장

목회자의 길

피아노 조율사

1986년, 나는 부천에 있는 작은 교회에 교육전도사로 부임하였다.

보수는 교통비 수준에 지나지 않았으니, 신앙의 열정은 뜨거웠으나 경제적으로 넉넉지 않은 현실에 신학생, 교육전도사, 가장의 역할을 모두 감당해야 하는 힘겨운 나날이었다.

나는 학비도 벌어야 했고, 가정의 생활비도 책임져야 했으므로 나름대로 살아갈 방도를 찾았다. 그래서 선택한 일이 피아노 조율을 배우는 것이었다.

나는 사실 피아노를 배운 적이 없다. 처음 신앙생활을 할 때 시골 고향 교회에서 풍금으로 반주를 잠깐 했을 뿐이다. 그것도 그야말로 엉터리 반주였다. 시골 교회에 반주자가 없었으니 꿩 대신 닭이라고 대충 배워 반주 아닌 반주를 했던 것이다.

그것이 계기가 되어 서울 어느 개척교회에서 신앙생활을 할 때는 일꾼이 없었으므로 내가 총각 집사로, 성가대 지휘자로 봉사를 했다.

그리고 삼일 밤 예배 때는 마땅한 반주자가 없어서 내가 주먹구구식 피아노 반주를 했었다.

어쨌든 어느 날, 피아노 조율사가 조율하는 것을 볼 기회가 있었는데 조율을 하는 게 그리 어렵지 않게 보였다. 그리고 그 모습이 무척 고상해 보였다. 그래서 조율사에게 어떻게 해야 조율사가 될 수 있는지 물었더니 피아노 조율을 교습하는 학원엘 다니든지, 악기상가에 가면 조율하는 것을 배울 수 있다고 알려 주었다.

나는 낙원상가에 있는 악기상가를 찾아가 피아노 조율을 배울 수 있는지 문의하였고, 그 결과 한 피아노 중고대리점에서 일을 도우며 조율을 배울 수 있었다. 이렇듯 몇 개월 동안 낙원상가에서 피아노 수리하는 것을 도우며, 어깨 너머로 피아노 조율을 배웠다.

피아노 조율은 귀로만 듣고 음을 맞추는 것이기 때문에 고도의 음악적 감각이 있어야 했다. 기본음을 잡아놓고 그 기본음에서 음을 조율해 가야 하기 때문에 짧은 시간에 터득한다는 것은 참으로 어려운 일이 아닐 수 없었다. 게다가 조율을 제대로 가르쳐 주는 것이 아니라 슬쩍슬쩍 살펴보며 익히는 것 외에는 스스로 터득해야만 했다.

나는 낮에는 피아노 수리를 돕고, 밤에는 신학교를 다니는 일 외에는 피아노 조율을 익히는 것에 온힘을 쏟았다. 그 결과 본격적으로 피아노 조율사 일을 할 수 있게 되었다.

처음 얼마 동안은 주로 안면이 있는 가정을 돌아다니며 피아노 조율을 하다가 나중에는 교회와 피아노 학원들을 찾아다니며 조율을 하였다.

그러던 중 유명한 피아노 회사가 경영 부실로 부도가 나면서 문을 닫았는데, 그동안 생산해 놓은 피아노를 저렴한 가격으로 판매하기 위해 조율사를 구한다고 했다. 그리고 내가 그 일을 맡게 되었다. 그렇듯 바쁘게 일을 하는 중에도 나는 신학 공부를 게을리하지 않았다.

나는 낮에는 서울과 경기도 일대를 돌아다니며 피아노 AS와 조율을 하고, 밤에는 신학교에서 신학 공부를 하였다. 그리고 토요일 오후부터 주일까지는 교육전도사로서의 일들을 감당하였다.

하지만 경제적으로는 그리 큰 변화가 없었다. 여전히 부족하기만 한 생활 속에서 아내는 어린 딸들을 돌보며 전도사 사모로서 벅찬 일들을 감당해야 했다. 아마 아내에게도 무척이나 고단한 나날이었을 것이다.

그럼에도 아내는 현명하고 강한 사람이었다. 바쁘고 힘겨운 와중에도 성도님들의 자녀들을 모아 공부를 가르쳐 주었다. 그렇게라도 해서 나에게 도움이 되고자 했던 것이다.

이렇듯 수많은 고난과 역경이 닥쳐와도 이를 이겨내고 앞으로 나아갈 수 있는 까닭은, 고난 중의 나에게 도움의 손길을 내리사 예비하신 것을 이루시는 전능하신 하나님 아버지께서 함께하시기 때문이다.

교육전도사 사역

나는 신학대학원에 다니며, 때로는 피아노 조율을 하고, 주말에는 교육전도사로서의 일까지 감당하는 등, 그야말로 정신없이 하루하루를 보냈다.

유년부, 중고등부, 청년부, 성가대 지휘에 이르기까지 여러 부서를 담당했지만 교회에서 받는 한 달 사례비는 5만 원 정도였다.

그나마 피아노 조율하는 일을 심심찮게 할 수 있었기에, 어떤 때는 십일조를 5만 원보다 더 많이 드릴 때도 있었다. 물론 그때까지도 먹을거리나 등록금은 처갓집의 도움을 받아 해결했으니 형편이 그다지 넉넉한 것은 아니었다.

하지만 처음으로 교육전도사의 사역을 감당했던 나는 그 어느 때보다 열정적이었다. 아내 또한 성도님들의 자녀를 가르치며 든든한 믿음의 조력자가 되어 주었다.

이처럼 열정을 들여 사역한 만큼 떠올릴 추억도 많은 날들이었다.

들뜬 마음으로 몇날 며칠을 들여 주일학교의 성탄축하잔치를 준비했던 일, 눈코 뜰 새 없이 바쁜 가운데서도 틈틈이 시간을 내어 성가대원들과 함께 칸타타를 준비하던 일, 중고등부 학생들과 청년들 그리고 교사들과 함께 성탄절 새벽송을 돌던 일 등 초임지의 열정이 뜨거웠던 사역이었다.

그리고 2년 후, 나는 인천에 있는 한 교회의 교육전도사로 가게 되었다. 같이 신학 공부를 하던 전도사님의 소개로 연결이 된 것이다.

담임목사님과의 면담 때, 목사님은 내게 성가대 지휘와 악기를 다룰 수 있는지 물어보셨다. 그래서 몇 년 동안 성가대 지휘를 해왔고, 잘은 못하지만 피아노, 기타, 하모니카, 톱 연주를 할 수 있다고 말씀드렸더니 교육전도사로 흔쾌히 채용해 주셨다. 나는 교회에 선을 보이는 날 톱 연주를 한 후 설교를 하기도 했다.

내가 가게 된 곳은 인천 대도시에 있던 중형교회였는데, 교역자들도 여러 분 계셨다. 나는 그곳에서 유년부와 고등부의 담당전도사로 사역하며 주일 저녁예배 찬양대의 지휘를 맡았다.

그 무렵 나는 신학대학원 졸업반이었는데 신학 공부와 전도사 사역에 전력을 쏟아야 했으므로 피아노 조율을 그만두기로 했다. 교회에서 어느 정도 생활할 수 있는 사례비를 받았기 때문이기도 했다. 덕분에 교회 근처에 있던 아파트를 전세로 얻을 수 있었다.

나는 인천에서 서울로 학교를 다니면서 교회 사역을 감당했다.

인천에서의 전도사 생활은 지금도 그리울 정도로 즐거웠다. 담임목사님과 부목사님, 그리고 여전도사님들이 세 분, 교육전도사님들이 세 분, 이렇게 8명의 교역자가 계셨는데, 담임목사님께서 소탈하시고 성격도 좋으셔서 모든 교역자들이 즐겁게 사역을 할 수 있었다.

하루 일과를 마치면 교역자들이 모여 탁구를 치는 등 흥겹게 교제를 나누었고, 장로님 가정에서 운영하는 음식점에 가서 황해도식 냉면과 수육, 빈대떡을 배부르게 먹기도 했다. 즐거운 한때를 함께했던 그분들의 모습이 지금도 가끔 생각난다.

담임목사님께서는 때로는 부모님처럼, 때로는 형님처럼 부교역자들을 한가족처럼 대해 주셨다. 명절이 되면 목사님 댁에 스스럼없이 찾아가서 세배도 하고 세뱃돈도 받았다. 함께 윷놀이도 하고, 사모님께서 손수 끓여 주신 떡국도 맛있게 먹었던 기억이 떠오른다.

금요철야기도회 때 열심히 찬양을 인도하고 뜨겁게 기도하던 전도사님들의 모습도 눈앞에 생생하다.

아마도 특별한 일이 생기지 않았다면 계속 전도사로서 그곳에 남아 있고 싶을 정도로 인천에서의 사역은 보람되고 행복했다.

③ 강도사 고시에 합격하다

인천에서 전도사 사역을 하면서 신학대학원을 졸업한 나는 곧바로 총회에서 실시하는 강도사 고시를 준비하였다.

강도사 고시는 모든 목회자들이 반드시 거쳐야 하는 시험이다. 신학대학원을 졸업하고 강도사 고시를 통과해야만 목사 고시를 볼 수 있기 때문이다. 그러므로 강도사 고시는 목회자가 되고자 하는 사람들에게 심적으로 많은 부담이 되었다. 중요하고 어려운 만큼 강도사 고시에 여러 번 낙방한 사람들도 많았고, 그로 인해 교회를 사임해야 하는 일들도 종종 있었다.

강도사 고시 합격을 위해 많은 교인들이 함께 기도해 주었는데, 이에 부응하지 못하고 떨어지면 미안하고 부끄럽고 창피한 마음이 들어 차마 계속 다니지 못하고 교회를 옮겨 떠나는 것이리라. 그래서 고시를 앞둔 어떤 수험생들은 한두 달씩 합숙을 하면서 시험 준비를 하기도 했다.

나도 교회에 양해 말씀을 드리고, 인천 외곽에 있는 기도원에서 함께 대학원을 다녔던 전도사님들 4명과 한 달 동안 합숙하며 강도사 고시를 준비했다. 강도사 고시를 통과하는 것은 쉽지 않은 일이었기 때문에 사람들과 함께 정보를 나누고 격려하며 공부를 하기 위해서였다.

　주중에는 기도원에 모여 시험 준비를 하고, 토요일에는 기도원에서 내려와 주일 사역을 마친 후, 월요일에 다시 기도원으로 가서 공부를 하였다.

　여러 사람이 모여 합숙하다 보니 재미있는 에피소드가 많았다.

　내가 있던 기도원은 산자락에 위치하고 있었는데, 가끔 꿩들이 우리가 공부하고 있는 방 근처로 내려왔다. 그러면 모두들 그 꿩을 잡아보겠다고 호기롭게 나서는 것이었다. 하지만 아무리 애를 쓴다 한들 날개 달린 짐승을 그리 쉽게 잡을 수 있겠는가. 당연히 실패했다.

　또 공부를 하다가 힘이 들면 종이로 공을 만들어 작은 책상 위에서 탁구 시합을 하며 한바탕 웃는 것으로 시험에 대한 스트레스를 날려버리기도 했다.

　그렇게 한 달여를 공부하며 논문과 성경주해는 따로 제출하고, 대전에 가서 필기시험을 보게 되었다.

　열심히 공부했기에 그런대로 잘 치른 것도 같았지만, 주관식 시험인지라 채점관의 채점에 따라 당락이 좌우될 수 있는 만큼 마음을 졸이며 기도했던 기억이 난다.

　합격자는 시험을 본 다음날 발표하였다.

수백 명의 교인들이 마음을 모아 나의 합격을 위해 기도해 주었고, 가족들 또한 모두 기대하고 있었다. 만약 떨어진다면 또다시 일 년을 기다려야 되니, 그야말로 큰 낭패일 수밖에 없었다.

나는 두근거리는 마음으로 합격자 명단을 살펴보았다. 그랬더니 합격자 명단에 떡하니 내 이름이 올라 있는 게 아닌가. 얼마나 감사하고 기쁜지, 그야말로 뛸 듯이 기뻤다.

나는 안도의 숨을 내쉬며 함께 공부했던 전도사님들의 이름을 찾아보았다. 그런데 안타깝게도 한 명의 이름이 보이지 않았다. 네 사람 중 세 명만 합격하고 한 명은 불합격한 것이다. 그러니 합격을 했어도 대놓고 기뻐하는 표정을 지을 수가 없었다. 터져나오는 기쁨을 억누른 채 불합격한 전도사님을 위로할 수밖에.

그리고 그 전도사님은 다음해에 합격의 기쁨을 맛보았다.

내가 강도사 고시에 당당히 합격하고 돌아오자 아내는 물론 어린 딸들도 무척 기뻐하였고, 목사님을 비롯하여 모든 성도님들도 진심으로 축하해 주셨다.

모든 영광을 홀로 받으시기에 합당하신 하나님께 돌린다.

서울에서의 사역

　인천에서 전도사 사역을 은혜 가운데 잘 감당하고 있던 어느 날, 서울에 있을 때 몸담았던 교회 목사님으로부터 전화가 왔다. 서울에서 한번 만나자는 것이었다.

　얼마 후, 나는 시간을 내어 서울로 올라가 목사님을 찾아뵈었다. 안타깝게도 목사님께서는 혈액암 선고를 받으시고 항암 치료를 받고 계신다고 했다.

　서울에 있는 그 교회는 개척 초기부터 내가 목사님을 협력하며 신앙생활을 했던 교회였다. 서울시 공무원 생활을 하고 있을 때였는데, 목사님께서 사모님과 함께 나를 찾아와 교회를 개척했으니 협력해 달라고 하셨다.

　독산동에 있는 형님 댁에 기거하고 있었던 나는 이미 그 근처에 있는 교회에 등록하고 신앙생활을 하고 있었다.

　하지만 교회를 새롭게 개척하여 어려움 중에 있는 목사님을 협력하는 것이 더 귀한 사역임을 깨닫고 그 교회로 출석했다.

교회에 가 보니 말 그대로 개척교회인지라 성도님들이 거의 없었다. 목사님 내외와 어린 자녀들 세 명, 그리고 학생 몇 명이 전부였다. 게다가 2층에 전세를 얻어 한쪽은 교회, 다른 한쪽은 사택으로 사용하는 등, 경제적으로도 몹시 어려운 상황이었다.

주일날 오전 예배를 드리고 나면 교인들이 옹기종기 모여 라면이나 국수를 끓여 먹는 게 점심식사의 전부였지만, 그 대신 가족 같은 분위기를 즐길 수 있었다.

당시 공무원이었던 나는 강동 지역에서 근무했는데 마포까지 한시간 넘게 소요되는 거리를 오가며 교회에 열심히 출석했다. 덕분에 총각 서리집사로 임명을 받았고, 유년 주일학교 교사와 부장, 중고등부 교사, 성가대 지휘, 청년부 임원으로 봉사했다.

비록 부족한 게 많은 작은 개척교회였지만, 그렇기에 더욱 열성을 가지고 신앙생활을 할 수 있었다.

이렇듯 내겐 특별한 의미가 있는 교회인 데다 중병을 선고받으신 목사님께서 도움을 요청하시니 도저히 거절할 수가 없었다.

하지만 아내는 서울 교회로 옮기는 것을 반대하였다. 인천 교회에서 사역을 더 하면서 적당한 임지를 알아본 뒤 사역지를 이동하기 원했던 것이다.

그러나 서울 교회의 목사님께서 위중한 상태인지라 기다릴 수가 없었다. 나는 곧 인천 교회에 사표를 내고 서울 교회에서 사역을 시작하였다.

서울 교회는 내가 떠났을 때보다 한층 더 성장하여 약 300여 명의 성도들이 출석하고 있었다. 그리고 다섯 분의 전도사님들께서 목사님을 협력하여 사역하고 계셨다.

서울 교회로 임지를 옮긴 나는 목사님께서 병원에 입원하시는 일, 치료받으시는 일, 목사님의 가족들이 외출하는 일 등을 돕기 위해 운전으로 협력하였으며, 목사님께서 입원하셔서 항암 치료를 받으실 때면 주일 예배의 설교와 새벽기도회 인도, 대심방을 전담하다시피 하였다. 물론 교육전도사님도 협력해 주었지만, 아직 신학 공부를 하고 있었으므로 대부분 나 혼자 감당했다고 해도 과언이 아니다.

그렇게 거의 1년 동안 목사님을 대신하여 사역을 감당하며 교회를 지키고 있음에도 불구하고 목사님의 병세는 호전되지 않았다.

어느 날, 목사님께서 나를 병원으로 부르셨다.

"박 강도사님! 미안합니다. 아무래도 나는 다시 일어나지 못할 것 같아요. 그러니 박 강도사님께서 교회를 잘 이끌어 주세요. 또한 교회 형편이 어려우니 재정적인 부담을 감당할 수 있는 목회자를 후임으로 세워주시길 부탁드립니다. 그래야 남은 가족들도 생활을 하고, 교회를 임대하기 위해 받은 대출금을 갚을 수 있지 않겠습니까?"

목사님은 힘들어하시면서도 유언과 같은 말씀을 내게 남기셨다. 언젠가부터 그러한 결심을 하고 일을 진행하고 계셨다고 한다.

그런데 안타깝게도 내게 당부의 말씀을 남긴 다음날 소천하셨다. 발병한 지 1년여 만에 하나님의 부르심을 받고 하늘나라로 가신 것이다.

목사님은 타고난 체격도 건장하셨고, 평소 운동도 열심히 하셨기에 건강을 의심하지 않았다고 한다. 외모도 준수하신 데다 설교도 잘하시고 대인관계도 좋으셨기에, 계속 귀하게 쓰심으로 교회가 부흥되고 하나님의 역사를 이루셨으면 얼마나 좋았을까, 라는 생각이 들었다. 그러나 어리석은 사람이 어찌 하나님께서 하시는 일을 알 수 있으랴.

그렇게 목사님이 떠나시고 얼마 되지 않아 나는 교회에서 일어났던 뜻밖의 사건을 알게 되었다.

처음 교회를 세운 지역에서 계속 성장한 서울 교회는 예배당이 협소해지자 성전 건축에 대한 문제를 놓고 40일 특별기도회를 진행하였다고 한다.

그러던 중 기도의 응답을 받으신 목사님께서는 성전 이전을 결정하고, 적당한 곳을 물색하셨다.

그즈음 교회에서 약간 떨어진 곳에 대단위 아파트 단지가 조성되어 입주가 시작되자, 자연적으로 주민이 늘어났다. 그러자 아파트 단지 정문 쪽에 상가들이 들어서게 되었고, 그중 한 상가 건물 2층이 임대로 나왔는데, 면적이 꽤 넓었기 때문에 그곳을 임대하여 교회를 이전하기로 했다고 한다.

그런데 문제는 그 상가 건물 4층에 이미 다른 교회가 세워져 있었던 것이다. 물론 소속 교단은 달랐다.

게다가 그곳은 대단위 아파트 단지 앞이었으므로 상가들마다 교회가 계속 세워지고 있었다. 서울 교회가 이전하기로 한 바로 옆 상가 건물에도 같은 교단 소속, 같은 노회 소속의 교회가 이미 들어와 있었다. 그러니 4층에 있던 교회가 이전을 반대하는 것은 당연한 일이었다.

그럼에도 불구하고 목사님은 기도의 응답을 받았음을 강조하며 이전을 계속 진행하셨다.

우여곡절 끝에 결국 서울 교회는 이전을 했고, 이로써 두 교회가 한 건물에 있게 된 것이었다.

4층의 협소한 공간에 있는 성도가 적은 교회와, 2층의 넓은 공간에 있는 성도가 많은 교회. 사람들은 참으로 얄궂게도 이미 성도들이 많은 교회로 자연스럽게 몰렸다. 그러니 4층 교회는 부흥이 답보 상태였고, 2층 교회는 날이 갈수록 더 부흥하였다.

두 교회 사이에 일어난 일의 내막을 자세히 알 수는 없지만, 이렇듯 이전 과정부터 시작된 불화의 불씨는 꺼지지 않고 남아 있었다.

기도만이 정답이다

이런저런 일들을 남긴 채 목사님께서 소천하시자, 교회에서는 본격적으로 후임 목회자에 대해 논의하기 시작했다.

그해 가을, 노회에서 목사 안수를 받은 나는 비록 임시였지만 교회의 모든 일을 책임지는 위치에 있었다.

그무렵 교회의 상황은 어수선했다. 교회의 재정적인 문제를 해결할 수 있는 후임자를 청빙해야 한다는 의견과, 교회의 모든 형편을 잘 알고 있는 나를 후임자로 세워야 한다는 의견이 팽팽하게 맞서고 있었기 때문이다.

그러다 결국 재정적인 부담 능력이 있는 목회자를 청빙하기로 결정하고, 몇 분의 목사님을 선보게 되었다.

그러자 일부에서는 "박 목사님께서 그동안 우리 교회를 위해 고생도 많이 하셨고, 이제 목사 안수까지 받으셨으니 당연히 후임 목사님으로 청빙해야 합니다."라는 의견이 강하게 대두되었다.

이에 한편에서는 "지금 교회가 처한 상황으로 봤을 때 무엇보다 재정적인 문제를 해결할 수 있는 분을 후임 목사님으로 모셔야 합니다."라며 맞섰다.

이러한 상황을 지켜보는 나는 너무나 괴로웠다.

결국 나는 고민 끝에 내 생각을 성도들에게 말했다.

"세상적인 방법으로 후임자를 모시면 신앙 양심상 떳떳하지 못할 것입니다."

그리고 교회 중직자들에게 "후임자를 청빙하게 하되, 후임자의 조건에서 경제적인 능력은 가능한 한 배제하도록 하세요. 하나님 교회의 목회자를 청빙하는 데 돈이 개입되면 깨끗하지 못한 것 아닙니까? 모든 일을 주관하시는 하나님께 맡기고 오직 믿음으로 진행합시다. 그리고 돌아가신 목사님 가족에 대한 대우도 최선을 다할 수 있도록 노력합시다."라고 하였다.

그리고 결국 내가 제시했던 방법으로 후임자를 청빙하였다. 물론 그 와중에 여러 가지 생각지 못한 문제들이 생기기도 했다.

그중에서 제일 힘든 것은 내 청빙을 반대했던 성도들에게 항의를 받았던 일이다. 나도 사람인지라 근거 없는 소문에 답답한 마음이 들고, 이로 인해 그들을 미워하게 되는 시험에 빠질까 봐 겁도 났다.

나는 더 이상 그들과 부딪치고 싶지 않았고, 스스로도 괴로운 마음에서 벗어나기 위해 교회를 떠나기로 했다.

그길로 교회에 사직서를 낸 나는, 신학교에 다닐 때 목사안수를 받으면 사십일 금식기도를 하겠다고 하나님께 서원한 것이 생각나 금식기도를 작정하고 경기도에 있는 기도원으로 들어갔다.

　말이 사십일 금식기도지, 밥을 먹지 않고 사십일을 버틴다는 것은 쉬운 일이 아니었다. 청년 시절에 3일 금식이나 일주일 금식은 해보았지만, 사십일의 장기 금식은 나로서도 처음 시도해 보는 일이었다.

　그러한 까닭에 아내와 가족들은 극구 반대를 하였다. 장기 금식을 하다가 건강을 잃은 사람들도 종종 있었기 때문에 더욱 염려한 것이다. 하지만 이미 굳게 결심한 나를 설득할 수는 없었다.

　자의적으로 사직서를 내긴 했지만, 억울한 마음이 없었던 것은 아니었다. 나는 그 교회를 개척할 때부터 고생하며 충성한 사람이요, 목사님께서 친히 부르시자 더 나은 조건도 마다하고 돌아와 아픈 목사님을 대신하여 대부분의 예배 인도와 설교는 물론, 대심방까지 감당했었다. 이 모든 일을 기꺼이 한 까닭은 하나님을 섬기는 일이기 때문이요, 교회에 대한 넘치는 애정이 있었기 때문이다.

　그러니 내가 조금 부족하게 보일지라도 경제적인 능력이 없다는 등 험담을 늘어놓는 것은 옳지 않은 일이 아닌가.

　이렇듯 내 마음을 아프게 한 사람들도 있었지만, 다른 한편으론 나를 후임자로 세우기 위해 노력하고, 내가 사직서를 내자 나와 함께 교회를 세우기로 마음먹은 성도들도 있었다. 이들이 큰 위로가 되면서도 어지러운 교회의 상황과 성도들의 반목을 생각하면 몹시 안타까웠다. 그래서 이 모든 일에 대한 원만한 해결의 답을 얻기 위해 금식기도를 시작한 것이다.

　나는 장기 금식기도를 하기 위해 기도원에 들어가면서 몇 가지 기도 제목을 정했다.

첫째, 경제적으로 여유가 없었을 뿐인데 마치 능력 없다는 듯 모함 받은 일에 대해 내 명예를 회복시켜 주시기를.

둘째, 진정한 믿음의 교회를 세울 수 있는 능력을 주시기를.

셋째, 충성으로 협력할 일꾼을 세워 주시기를.

넷째, 교회를 세울 수 있는 적당한 장소를 예비해 주시기를.

다섯째, 재정적인 문제를 해결해 주시기를.

여섯째, 무사히 금식기도를 마칠 수 있게 해 주시기를.

이렇듯 기도 제목까지 정한 후 금식기도를 시작했지만, 음식을 먹지 않고 오랜 시간을 견디는 일은 생각보다 힘들었다. 그래서 "사흘 굶으면 담을 넘지 않을 장사가 없다."라는 속담도 있나 보다. 다행히 친한 동기 목사님과 함께 금식기도를 시작하니 서로 의지가 되어 그나마 버틸 수 있었다.

6 장기 금식기도

기도원에서 금식기도를 하는 사람들을 위해 작은 방을 하나씩 마련해 주었으므로 나를 포함한 20여 명의 사람들은 혼자만의 공간에서 금식하며 기도를 하였다. 그야말로 처절한 자기와의 싸움이 시작된 것이다.

나는 성경을 읽으며, 기도를 하며, 신앙 서적을 읽으며, 또한 목회 계획을 세우며 하루하루 기도의 시간을 연장해 나갔다.

가끔 금식기도하는 사람들이 모여 따뜻한 햇볕이 드는 벤치에 앉아 이런저런 이야기들을 나누기도 했는데, 역시 가장 관심을 끄는 것은 바로 맛있게 먹었던 음식에 대한 내용들이었다.

어디에 가면 어떤 음식이 맛있다는 등의 얘기를 하며 허기를 달래고, 기도가 끝나면 곧 먹을 수 있으리라 위안을 삼기도 했다. 그러다 보니 비록 좋은 음식은 아니라 할지라도 단지 음식을 먹을 수 있다는 것이 얼마나 감사한 일인지 새삼 깨닫게 되었다.

그러던 어느 날, 함께 사십일 금식기도를 하기로 했던 목사님이 중도에 기도원을 내려가 버렸다. 그분은 어떤 교회의 부교역자로 사역하고 계셨는데, 담임목사님께서 기도원을 찾아오시자 함께 내려간 것이다.

서로 의지하며 기도하던 분이 사라지니 남은 시간이 더 길고 힘들게 느껴졌다. 하지만 나는 그럴수록 더 기도에 매달렸고, 하나님께서 함께하심으로 하루하루 잘 인내하였다.

금식기도를 시작한 지 15일 정도가 지난 어느 날, 앞장서서 나를 반대했던 집사님 내외가 기도원으로 찾아와 지난 일들에 대해 사과했다.

"목사님! 사실 제가 병원에서 위암 선고를 받았습니다. 저희가 목사님께 큰 잘못을 해서 이런 일이 닥친 것 같아요. 목사님, 저희 잘못을 용서해 주세요."

그 말에 나는 깜짝 놀랐지만, 곧 마음을 가다듬고 대답했다.

"내가 용서할 일이 무엇이 있겠습니까? 다만 집사님께서 그렇게 생각하신다면 하나님께 용서를 구하세요. 제가 드릴 수 있는 말씀은 주의 일은 사람의 방법으로 하는 것이 아니라 믿음으로 하는 것이라는 사실입니다. 그리고 진정으로 잘못을 깨달았다면 나한테 와서 이럴 게 아니라 하나님께 회개하시고, 교회에서 공개적으로 잘못을 밝히세요. 나에 관한 소문들이 잘못된 것이라고 말입니다."

이렇게 권면한 다음 그들을 위해 기도해 주었다.

이 모든 것이 하나님께서 섭리하셨음이라.

목사인지라 억울한 소리를 들어도 나를 비방하는 사람들과 똑같이 할 수 없어 인내하였더니, 결국 하나님께서 역사하시어 그들에게 사과를 받게 하시고 명예를 회복할 수 있는 길을 여신 것이다. 이렇듯 하나님께 응답을 받게 되니 한결 기도하는 일에 힘이 생겼다.

기도를 시작한 지 30여 일 정도가 지났을 때, 모 대학원에서 교수로 재직하고 계시는 집사님 내외분이 찾아왔다. 그들은 교회에 등록한 지 그리 오래 되신 분들은 아니었다.

그분들이 나를 보자마자 대뜸 고개를 숙이며 인사를 전했다.

"목사님! 목사님을 만나자마자 저희들의 문제가 해결되었습니다. 정말 감사합니다."

나는 영문도 모른 채,

"그래요? 문제가 해결되었다니 저도 감사한 일이네요."
하고 답했다.

그러자 집사님 내외가 자초지종을 설명해 주었다.

내용인즉, 그들은 결혼 생활도 오래 하셨고, 사회적으로 인정받는 교수 가정이요 신앙도 있으셨지만 부부간에 갈등이 심해 이혼 직전까지 이르게 되었다고 한다.

그래서 마지막으로 이 상태로 계속 살아야 할 것인지, 아니면 이혼을 해야 할 것인지 결정하기 위해 기도원에 기도하러 왔다가 내가 기도원에서 장기금식을 하고 있음을 들었다고 한다. 그리고 생명을 걸고 금식하며 기도하는 목회자를 보니 자신들이 겪는 부부갈등은 아무것도 아니라는 생각이 들어 관계 개선을 위해 다시 한번 서로 노력해 보기로 했다는 것이다.

그들은 나에게 감사의 마음을 전하면서, 목사님의 사역에 적극적으로 협력하겠다며 자녀들까지 모두 내가 새로 세우는 교회로 데려와 신앙생활을 하기로 약속하셨다.

그것이 내게 얼마나 큰 용기가 되었는지, 그 자리에서 당장 하나님께 감사하며 영광을 돌렸다. 일꾼들을 보내 주실 것을 기도하였는데 그 응답으로 귀한 분들을 만나게 하신 것이다.

이렇듯 하나님의 응답을 받으며 영적으로는 더욱 단단해졌지만, 시간이 흐를수록 육신적으로는 힘에 부쳐 걷는 것조차 쉽지 않았다. 화장실 출입도 겨우 하였고, 누웠다가 앉았다가를 반복하며 기도에만 열중했다. 그러자 그야말로 피골이 상접한 모습으로 변해갔다. 나를 본 아내가 꼭 죽은 사람 같았다고 하니, 그 모습을 가히 상상하실 수 있을 것이다.

30일이 지났을 때는 체중이 13kg이나 빠졌고, 35일 정도 지났을 때는 입안에서 피가 나오기도 했다. 물도 제대로 마실 수 없을 정도로 몸이 약해진 것이다.

그즈음 뜻밖에도 4층에서 목회하시는 목사님과, 나와 알고 지내던 집사님께서 나를 찾아오셨다. 그리고 자신은 하나님께 작은 섬에서 목회를 하겠다고 서원을 했었는데, 이제 그 약속을 지키기 위해 떠나려 하니 4층 교회 목회자로 나를 청빙하겠다고 말씀하셨다. 건물의 임대료는 자신이 대출을 받았기 때문에 찾아가겠지만, 교인들과 성물 전체를 인도받고, 교회 이름도 그대로 사용해도 좋다고 하셨다.

이 얼마나 좋은 제안인가? 기존 교회에 다니던 성도들과 함께 새로운 교회를 세운다면, 어떤 이유에서든 교회를 분리해 또 다른 교회를 세운 목사로 낙인 찍혔을 텐데, 아예 다른 교회의 후임자로 청빙을 받아 목회를 할 수 있으니 명분상 합당한 이유가 생긴 것이다.

일이 이렇게 되자 그동안 4층 교회 목사님과 원만하게 지냈던 것이 새삼스레 다행이라고 생각되었다. 그동안 2층 교회 부교역자로 지내면서 4층 교회에 항상 미안한 마음이 있어 우연이라도 목사님을 뵈면 인사라도 하고 지냈던 것이다.

목사님은 그런 나를 좋게 보셨고, 그동안 2층 교회에서 일어난 일련의 상황들까지 모두 알고 계셨으니, 내가 교회를 사임하고 금식기도를 한 후에 새로 교회를 세운다는 소식을 듣고 찾아오신 것이었다.

나는 4층 목사님의 제안을 받아들이기로 결정하였다. 4층 교회의 목사로 청빙되면, 기존 성도들을 데리고 새 교회를 세우지 않아도 되니 그렇게 하는 것이 가장 좋은 해결책이라고 생각했다.

게다가 나와 잘 알고 지내던 집사님께서 3천만 원을 무이자로 제공하시겠다고 하시므로 재정적인 문제도 해결할 수 있었다.

7 기도의 응답

장기 금식기도를 시작하면서 목표한 기도 제목은 첫째, 잃어버린 명예를 회복시켜 주시기를 기도했는데, 나를 반대했던 사람들이 찾아와 잘못을 고백하고 용서를 구하게 하셨다.

둘째로 진정한 믿음으로 교회를 세울 수 있는 능력을 주실 것을 기도했는데, 기도 응답을 받으면서 굳건한 믿음이 생겼다.

셋째로 협력할 일꾼을 세워 주시길 기도했는데, 기대 이상으로 많은 사람들이 교회를 세우는 일에 협력하겠다고 약속하였다.

넷째로 교회를 세울 수 있는 장소를 주시길 기도했는데, 4층 교회 후임자로 청빙받게 되었다.

다섯째로 재정적인 문제를 해결해 주시길 기도했는데, 3천만 원을 무이자로 선뜻 내놓으시는 분을 보내주셨다.

그리고 마지막으로 금식기도를 잘 마칠 수 있기를 기도했는데, 하나님의 은혜로 무사히 마치게 하셨으니, 그야말로 100% 기도의 응답을 받은 것 같아 가슴이 벅차올랐다.

비록 겉으로는 몰골이 말이 아니었지만, 속으로는 믿음과 용기가 충만하게 되었으니 어찌 만족하지 않으랴.

사실 금식기도를 시작한 지 20일 정도 지났을 때, 한의학을 공부한 목사님을 만나 진맥을 받아볼 기회가 있었다.

진맥을 본 목사님께서는 내 체력이 매우 약하여 사십일 금식기도를 할 정도가 안 되니 적당한 선에서 기도를 마치라고 충고해 주셨다. 만약 계속해서 금식기도를 한다면 생명이 위태할 수도 있으므로 지혜롭게 판단해서 결정하라는 것이었다.

하지만 나는 오직 하나님께 내 모든 것을 맡기고 계속 기도하였다. 그리고 전능하신 하나님의 도우심을 받아 기도를 무사히 마칠 수 있었던 것이다.

어쨌든 사십일 동안의 기도를 마치고 체중을 확인해 보니 15kg이나 줄어 있었다. 그때의 나는 피골이 상접한 채 눈은 십 리 정도 들어가 있어, 눈을 감으면 금방이라도 호흡이 멈춘 것같이 보일 정도였다. 당연히 혼자 걷는 것은 무리였고, 부축을 받아야 겨우 움직일 수 있었다.

다행히 모 집사님의 도움을 받아 자가용을 타고 집에 돌아오자 어린 딸들이 울면서 나를 맞이했다. 너무나도 달라진 내 모습에 아이들도 마음이 아팠던 모양이다. 눈물 짓는 어린 딸들을 보니 나도 역시 눈물이 날 수밖에 없었다. 가장으로서 아내와 어린 딸들에게 너무 미안한 마음이 들었다.

특히 장기 금식기도를 하겠다고 고집 피우는 남편을 지켜볼 수밖에 없었던 아내는 심적으로 많은 고통을 겪었으리라.

게다가 아내는 기도원을 오르내리면서 하루에 한 끼씩 또는 두 끼씩 금식하며 기도로 협력하였다. 그러한 아내의 정성도 내가 기도를 무사히 마치는 데 큰 도움이 되었음이라.

금식기도를 마친 나는 집에서 보호식을 하면서, 새로 시작하기로 한 교회 일을 진행하였다.

금식기도를 하는 것도 어려웠지만, 기도를 마치고 보호식을 하는 것 또한 쉽지 않았다. 모든 것을 마쳤다는 안도감으로 인해 긴장이 풀어졌고, 그동안 먹지 못한 음식에 대한 집착이 강해져 보호식을 하는 동안 먹고 싶은 것을 먹지 못하고 참아야 한다는 사실을 받아들이기가 꽤나 힘들었다.

원래 금식한 후에는 그 기간만큼 죽을 먹으며 위장을 적응시켜야 한다. 처음부터 밥을 먹으면 위장이 감당하지 못해 생명을 잃을 수도 있기 때문이다. 그래서 장기 금식기도를 잘 마치고 나서도 보호식을 잘 못하여 유명을 달리한 사람들도 있다고 한다.

더구나 나는 장기 금식기도로 인해 체력이 약해졌는지 시력도 떨어져 한동안 사물이 이중으로 겹쳐서 보이기도 했다. 그러니 후유증을 무시할 수는 없었다. 이러한 까닭으로 나는 처음에는 미음으로 식사를 시작했고, 그 다음에는 계속해서 죽을 먹어야 했다.

내가 금식기도를 하는 동안 하루에 한 끼씩 또는 두 끼씩 금식하며 아이들을 돌보고 집안 살림도 해야 했던 아내는 몸과 마음을 추스를 틈도 없이 보호식을 준비하여 남편을 회복시켜야 했으니, 참으로 아내에게 면목없고 미안할 따름이다.

그런 상황에서도 어느 정도 회복되자 맛있는 음식이 얼마나 먹고 싶었는지 죽은 쳐다보기조차 싫어 아내와 실랑이를 벌이기도 했다.

한 번은 아내 몰래 찰떡을 먹은 적이 있었는데, 그 와중에도 잘못 먹으면 큰일 날 수도 있다는 생각에 조금씩 떼어서 꼭꼭 씹어 먹었던 기억이 난다. 물론 후에 이 사실을 안 아내는 깜짝 놀랐다. 목회자로서는 진중한지 몰라도 남편으로서는 참으로 철없다 할 것이다.

보호식을 하는 동안 아내는 물론 너무나 많은 사람들이 내게 사랑을 나누어 주셨다. 어떤 집사님은 내가 자신의 둘째 아들 같다고 안쓰러워하시며 도토리묵을 손수 쑤어서 매일 갖다 주셨다.

또 어떤 집사님은 홍제동 어떤 산에 건강에 좋은 약수가 있다는 소리를 듣고 시내버스까지 타고 가서 약수를 떠다 주시기도 했다.

그 외에도 과분한 사랑을 많이 받았으니 그저 감사할 따름이다.

이렇듯 많은 사람들의 사랑과 관심 속에 나는 서서히 몸을 회복하며 새로운 교회를 세울 준비를 할 수 있었다.

모든 일을 주님 뜻대로

교회를 임대할 건물을 물색하던 중, 기존 교회와 어느 정도 거리가 떨어진 곳에 있는 적당한 건물을 발견하였다. 일단 건물이 정해지자 모든 일이 착착 진행되었다.

교회의 이름은 4층 교회의 이름을 이어받기로 하고, 교단 소속은 차차 변경하기로 하였다. 그리고 4층 교회에 대한 전반적인 것을 인수하기 위해 목사님과 만날 약속을 하였다.

토요일 오후에 만나 인수 작업을 하고, 다음날 주일 예배에 정식으로 인사를 하기로 했다.

그런데 토요일 오후, 약속시간이 다 되었는데도 아무 연락도 없이 목사님께서 오시지 않았다.

4층 교회 목사님을 기다리던 나는 문득 인천에서 사역했던 교회 목사님이 생각나 전화를 드리고 현재까지 진행된 일에 대해 설명드렸다. 그랬더니 목사님께서는 대뜸,

"박 목사, 대체 왜 그런 결정을 한 거야? 생명을 걸고 금식하며 기도까지 해 놓고 시험을 이기지 못하다니. 그곳에서 목회를 하면 절대로 안 돼."

라고 단호하게 말씀하시는 것이었다.

깜짝 놀란 나는 금식기도를 시작하며 정한 기도 제목들과, 그 기도대로 응답받았음을 설명하였다.

목사님께서는 그 모든 응답은 나를 시험해 보기 위한 것이라고 하시면서 그 시험을 반드시 이겨내야 한다고 당부하셨다.

나는 아내에게 인천 목사님의 말씀을 전했다. 그러자 아내는 진행된 일들을 접어야 한다는 말에도 실망하기는커녕 인천 목사님의 말씀을 따르자고 하였다.

사실 그동안 아내는 장기 금식까지 하면서 이곳에 교회를 세우고자 애쓰는 나를 보며 말리고 싶은 생각이 굴뚝 같았지만, 나의 단호함에 차마 말리지 못하고 하나님께서 깨닫게 해주시기를 바라며 기도하고 있었다고 한다.

하지만 모든 일이 내 계획대로 진행되어 가자 포기하고 있었던 모양이다. 그런데 막바지에 이르러 인천 목사님께서 자기와 같은 의견을 내놓자 옳다구나 하고 지금까지 가지고 있었던 생각을 나에게 전한 것이다.

아내 또한 마음에 상처를 많이 받았기 때문에 처음에는 여봐란 듯 교회를 세워 당당하게 보여주고 싶은 마음도 있었으리라.

그러나 그렇게 하다 보면 목회자들이 불화함으로 인하여 나타나는 문제점들을 익히 알고 있었으므로, 내가 만약 서울에서 교회를 세우면 그와 같은 전철을 밟을 수 있을지도 모른다고 생각하여 말리고 싶었다는 것이다.

4층 목사님의 제안을 받아들이면 교회도 쉽게 세우고 그에 따라 목회도 쉽게 시작할 수 있었겠지만, 나와 뜻을 같이 하는 2층 교회 성도들이 따라온다면 남아 있는 성도들과 갈등의 소지도 계속 있을 수밖에 없고, 그러다 보면 서로 미워하는 죄를 지을 수도 있는 만큼 아내의 걱정은 당연한 것이었다.

그러나 교회를 세우겠다는 희망에 부푼 남편을 차마 나서서 말리지 못하고 속만 끓이다가, 인천 목사님께서 내게 따끔한 일침을 가해 주셨다는 말을 듣고 자신의 의견을 내놓았던 것이다.

존경하는 인천 목사님의 말씀과 그 누구보다 나를 생각해 주는 사랑하는 아내의 말에 나는 심각한 고민에 빠졌다. 그리고 결국 서울을 떠나기로 결정하였다.

물론 이후에 어디로 간다는 것은 확실치 않았다. 그리고 서울을 떠나면 그동안 준비했던 모든 것이 무용지물이 되므로 씁쓸한 마음이 드는 것도 사실이었다.

만약 내 계획대로 서울에서 교회를 세웠다면 원래 4층 교회에 다녔던 성도들과, 나와 동참하기로 한 기존 교회 성도들까지 모두 합쳐 족히 100여 명은 넘는 성도들로 목회를 시작할 수 있었다.

게다가 3천만 원도 무이자로 준비되어 있었고, 피아노를 비롯하여 예배당에 필요한 모든 성물들도 완벽하게 준비되어 있었다.

그리고 이사할 필요 없이 당시 살고 있던 전셋집에 그대로 살면서 시작하면 되는 만큼, 경제적인 부담을 던 상황에서 수월하게 사역을 할 수 있었다.

교회 사역에 대한 계획도 철저하게 세워져 있었다. 교회를 사역할 부교역자들은 물론, 제직회를 포함한 모든 부서까지 조직해 놓았을 정도였다.

그럼에도 불구하고 모든 것을 포기하기로 결정했으니, 이 결정이 옳은 것임을 알면서도 아쉽고 서운한 마음이 들었다.

그런데 이상하게도 시간이 지날수록 아쉬운 마음은 사라지고 오히려 평안함이 넘쳐났다. 그동안 모든 일이 내 계획대로 진행되었지만, 아무런 역경 없이 술술 풀리니까 왠지 모르게 불편하고 찝찝한 마음이 들었었나 보다.

그런 마음을 털어버릴 수 있었기 때문인지 몰라도 앞으로 어디로 가야 할지, 어떻게 해야 할지 보이지 않는 상황에도 마음만은 평안하였다.

마음을 정하고 나자, 4층 목사님께로부터 전화가 걸려왔다. 길이 너무 막혀 약속시간을 어기게 되어서 미안하다고 하시며 곧 도착하니 조금만 더 기다려 달라는 것이었다.

나는 목사님께 사정을 설명하며 교회 세우는 일을 포기하고 떠나겠다고 말씀드렸다. 그랬더니 목사님께서는 예상대로 크게 화를 내셨다.

"내일 교회에 인사하기로 해놓고 갑자기 이렇게 마음을 바꾸면 어떻게 합니까? 목회자로서 약속을 하셨으면 지키셔야지요."

갑작스럽게 말을 바꾼 내게 목사님께서 화를 내시는 건 당연했다. 그러므로 나는 계속 사과를 하는 수밖에 별다른 도리가 없었다.

결국 화를 참지 못하신 목사님께서는 전화를 끊으셨고, 나는 이 상황을 해결할 수 있는 능력을 가진 단 한 분, 하나님께서 모든 일을 형통하게 이끄시길 기도드렸다.

그러자 잠시 후에 목사님께서 내게 다시 전화를 하셨다.

"섭섭하긴 하지만 목사님께서 그렇게 결정할 수밖에 없었다면 그 또한 하나님의 뜻이겠지요. 결심한 대로 하십시오."

그렇게 말씀하시니까 목사님께 죄송하기 그지없었다. 나를 생각해서 많은 것을 양보하시고 배려해 주셨는데 약속을 지키지 못하고 호의를 거절한 셈이 되었으니 어찌 죄송하지 않겠는가.

어쨌든 4층 교회 목사님과의 일이 정리되자 나는 망설이지 않고 지금까지 일을 진행시키고 계셨던 집사님께 전화를 했다.

"집사님! 그동안 정말 감사했어요. 집사님의 협력이 제게 큰 힘이 되었습니다. 하지만 제가 이곳에서 새로운 교회를 세우면 아무래도 기존 교회의 목회자나 성도들과 좋은 관계를 맺지 못할 텐데, 이는 하나님께 결코 영광스러운 일이 되지 못할 것 같아요. 그래서 고민 끝에 서울에서 목회하는 것을 포기하기로 했으니 이해해 주세요. 그리고 집사님께서는 다른 성도님들과 함께 다시 본 교회에 충성하시기 바랍니다."

라고 설득했다.

설명을 들은 집사님께서는 처음에는 내 뜻을 받아들이지 못했지만, 결국 내 마음을 이해해 주시고 수긍해 주셨다. 그리고 임대료를 제공하겠다고 하셨던 집사님께도 사정을 설명하고 양해를 구한 다음 기존 교회의 장로님께도 전화를 했다.

기존 교회의 중직자들은 내가 같은 지역에 교회를 세운다고 하자 마음에 상당한 부담을 가지고 있었다. 나를 따라 많은 성도들이 빠져나갈 것이 예상되었기 때문이다.

그런 상황에서 내가 서울에서 교회를 세우지 않고 떠나겠다고 하자 기뻐하셨다. 그리고 내게 그동안 미안했다며 쉽지 않은 결정을 해 주어 고맙다고 말씀하셨다.

그 말을 들으니 내가 교회를 세움으로 인해 여러 사람이 기뻐할지라도 한편으로 힘들어할 사람들도 있었다는 것을 새삼 깨닫게 되었다. 그리고 하나님께서 나의 계획을 돌리셨음에 감사하였다.

또한 서울 교회 성도들이 마음을 모아 오직 하나님을 섬기는 일에 힘쓰길 바라며 그들의 평안을 위해 기도하였다.

4장

백령도 목회

1 백령도를 향하여

서울에서의 목회를 포기한 나는 몸과 마음을 추스르며 하나님께 내게 꼭 맞는 임지를 허락해 주시기를 쉬지 않고 간구하였다.

그러던 중, 동기 목사님의 소개로 인천 백령도에 있는 교회와 연결이 되었다.

일은 일사천리로 진행되어 백령도 교회의 장로님과 집사님께서 나와의 상담을 위해 서울까지 찾아오셨고, 곧 백령도 교회에 부임하기로 결정되었다.

당시 백령도는 인천 연안부두에서 출발하는 여객선을 이용해야만 들어갈 수 있었다. 그야말로 서해 최북단 섬이요, 북녘 땅인 황해도 장산곶이 빤히 보이는 곳이었다.

백령도로 사역을 떠난다고 하자 부모님은 물론 가족 모두 반대하였다. 북한과 가까운 지역이므로 위험할지도 모른다는 것이었다. 일반인으로서는 당연한 반응이었다.

그러나 나는 하나님의 뜻을 받들고 전하는 목회자가 아닌가. 목회자는 어디든지 가야 하는 사명이 있기에 그러한 이유로 뜻을 꺾을 수는 없었다.

일반적으로 교회가 목회자를 청빙하려면 대상자로 선정된 목회자가 직접 교회에 가서 설교를 하여 성도들에게 선을 보이고, 목회자 본인도 그 교회를 둘러본 후에 모든 것을 심사숙고해서 결정하는 것이 상례이다.

하지만 나는 교회에 가서 설교할 기회가 없었으므로 성도들도 청빙될 목회자를 보지 못했고, 목회자인 나도 교회를 직접 둘러보지 못했으므로 현지 상황을 정확하게 파악할 수 없었다.

그럼에도 불구하고 나는 임지를 빨리 정하고자 하는 마음이 앞서 나를 찾아 서울로 온 장로님과 집사님 두 분의 말씀만 듣고 청빙을 받아들이기로 결정하였다.

나의 상황도 상황이거니와, 어차피 모든 것을 계획하시고 이루시는 분은 하나님이시니 이것저것 따져가며 고민할 필요를 느끼지 못했는지도 모르겠다.

나는 앞으로의 모든 일을 오직 하나님께 맡긴 채 가족을 데리고 서울을 떠나 백령도 임지를 향해 출발하였다.

즐거운 목회 활동

백령도행 여객선은 하루에 한 번 아침 일찍 출발하였는데, 파도가 높아 풍랑주의보가 내리거나 안개가 끼면 아예 출항을 하지 않았다. 그러한 이유로 어떤 때는 며칠씩 출항을 못 하는 경우도 있었다.

어쨌든 이삿짐은 화물선에 실어 미리 보내고, 나는 가족과 함께 여객선에 몸을 싣고 백령도로 향했다.

우리 가족 모두 장거리 배를 타는 것은 난생처음이었다. 무려 8시간에서 10시간 동안 배를 타고 가려니 지루한 데다 배멀미도 심해서 정말 고역이었다.

백령도는 바다가 잔잔한 것처럼 보인 듯해도 크고 작은 파도가 일어나곤 했다. 백령도에는 해병대가 주둔하고 있었는데 군인들도 쉬지 않고 일렁이는 파도에 배멀미를 할 정도라고 하였다.

백령도. 그곳은 가고 싶다고 마음대로 갈 수 없고, 오고 싶다고 마음대로 올 수 없는 특수한 섬이었다.

백령도에서 사역을 하면서 가끔 육지에 나올 경우가 생겼을 때에도 바람 때문에 혹은 안개 때문에 며칠씩 섬으로 다시 들어가지 못하고 연안부두에 머물러 있어야 하는 상황들도 여러 번 있었다.

어떤 목회자는 육지에 계신 부모님의 초상이 났는데도 기상 악화로 인해 배가 출항을 못 하게 되자 장례를 며칠씩 미루기도 했으며, 결혼식에 참석하지 못하게 되는 경우도 다반사였다.

아무튼 우여곡절 끝에 우리 가족은 드디어 백령도에 있는 교회에 도착하였다. 당시 나의 두 딸은 유치원에 다닐 나이였다.

그런데 막상 도착해 보니 백령도는 생각보다 큰 섬이었다. 버스도 다니고 택시도 있는 상당히 큰 섬 중의 하나였던 것이다.

게다가 감사하게도 내가 사역하게 될 교회에는 두 분의 장로님과 70여 분의 성도님들이 계셨는데, 재정적으로도 자립이 가능한 상태였다.

성도님들은 대부분 농사를 짓거나 고기를 잡으며 생활하셨다.

초임 목회지인지라 열정을 가진 나는 가끔 농사철에 성도님들의 농사를 도와드리기도 했다. 모내기를 돕기도 하고 벼를 베기도 했으며 고구마를 캐는 등 직접 농사일도 도왔고, 경운기를 운전하여 점심이나 새참을 실어 나르기도 했다.

당시 삼십대 중반이었던 나는 아직 젊은 데다 과거에 농사일도 해 보았기에 이런저런 일들을 도울 수 있었다. 주로 연로하신 분들이 많은지라 일손도 도울 겸, 심방도 할 겸 일터로 찾아가 안부를 나누고 일도 도와드리니 무척 좋아하셨다.

그런가 하면 뱃일을 하는 성도님들을 만나기 위해 포구로 나가기도 했다.

백령도에서는 주로 까나리를 잡아서 까나리액젓을 만들었는데, 나는 까나리를 잡을 때 함께 배를 타고 나가 그물을 끌어올리는 일을 도왔다. 어쩌다 잡어가 올라오면 즉석에서 회를 떠서 먹기도 했는데, 그 특별했던 맛이 아직까지 잊혀지지 않는다.

까나리 말고도 때론 멸치도 잡고, 성게, 놀래미, 우럭을 잡기도 하였으니, 바다는 그야말로 풍성한 해물의 보고였다.

포구에는 조약돌이 깔려 있었는데, 파도가 밀려오면 찰싹거리며 부딪치는 소리가 시원하게 귓전을 울렸다. 파도에 휩쓸리며 깎이고 깎인 조약돌들이 얼마나 예쁜지 이를 감상하는 일도 섬의 일상 중 아름다운 한 부분이었다.

게다가 바다를 좋아했던 나는 더욱 즐겁게 목회를 할 수 있었다. 날이 좋으면 성도님들과 함께 경운기를 타고 먼 곳까지 나가 조개나 굴을 채취하기도 하고, 낚시를 하기도 했으며, 수석도 고르며 섬 목회의 망중한을 만끽하였다.

한편, 내가 그 교회에 시무할 무렵 백령도에는 같은 교단 교회들이 10개 정도 있었다. 덕분에 목사님들과 만나 탁구를 치기도 했고, 때로는 바닷가를 산책하며 담소도 나누었다. 섬의 특성상 자주 육지에 나갈 수 없는지라 목회자끼리 모여 섬 목회의 고독을 해결한 것이다.

③ 성령의 역사

내가 백령도 교회에 부임하여 만난 장로님 중 부인 되시는 집사님께서 몸이 불편하셔서 활동을 못 하시고 주로 집에만 계신 가정이 있었다. 집사님께서는 인천 종합병원에서 뇌종양 진단을 받으셨다고 한다.

그런데 내가 부임하자마자 장로님께서 찾아와 부인을 살려달라고 하는 것이 아닌가. 아마도 내가 사십일 금식기도를 한 목회자이니 신유의 능력을 받은 줄 아시고 그와 같은 부탁을 하신 것 같다. 그러니 대뜸 못한다고 할 수도 없었다.

나는 장로님의 간곡한 청을 차마 거절하지 못하고 한 달여 정도 아내와 함께 날마다 장로님 가정을 심방하여 예배를 드리고 집사님 머리에 손을 얹고 안수 기도를 해주었다.

그리고 얼마 후, 인천 종합병원에 가서 진찰을 해보니 머리에 있던 암세포들이 모두 사라졌다는 것이다.

할렐루야! 전능하신 하나님의 은혜가 임하셨다는 것으로밖에 설명할 수 없는 기적이 일어난 것이다.

또한 어느 날 기도원에 다녀온 뒤, 우연히 귀신 축사의 과정을 겪으면서 귀한 사실을 알게 되었다. 하나님께 은혜와 복을 구할 때는 나 자신이 그 복을 받을 만한 준비가 되어 있어야지, 복을 받을 준비도 되어 있지 않은 상태에서 구하면 악령이 틈을 타 오므로 사로잡히게 된다는 것이다.

성령의 은혜는 더러운 심령에 역사하시지 않는다. 거룩한 성령 하나님께서 어찌 더러운 심령에 임하여 은혜를 주시겠는가? 그러므로 은혜를 구하기 전에 철저하게 회개하여 깨끗한 심령의 그릇으로 복받을 준비를 해야 한다.

하지만 대부분의 사람들은 그러한 과정이 없이 그저 열심히 은혜를 사모하고 복을 구하곤 한다. 그러니까 성령을 가장한 악령이 역사하여 시험에 들게 되고 마는 것이다.

악령에 사로잡히면 피폐한 심령이 되고 만다. 그것이 심하여지면 정상적인 생활을 하지 못하게 된다. 이것이 바로 악령이 원하는 역사인 것이다. 그러므로 신실한 성도는 항상 깨어 있어 기도하며 성결한 삶을 영위하도록 노력해야 한다.

꿈에도 그리운 섬

　백령도는 가는 곳마다 절경을 이루고 있는 아름다운 섬이다. 특히 두무진은 서해의 해금강이라고 불릴 정도로 아름다운 곳이다. 그야말로 탄성이 절로 나오는 관광 코스로, 자연스레 많은 사람들이 모여들었다.

　또한 사곳에 백사장이 있었는데, 천연 비행장으로 이용할 만큼 넓고 단단했다. 바닷물이 빠지면 유사시에 군용기가 이착륙을 할 수 있을 정도인 데다 자동차가 달려도 빠지지 않는 특수한 백사장이었다.

　이 밖에도 백령도는 콩돌로 조성된 화동 해안가, 장군바위, 창바위, 연화리 해변가, 연봉, 두무진의 물개 서식지, 우리나라 복음의 초창기를 보여주는 중화동교회 등 많은 관광 자원이 있는 섬이다.

　요즘은 심청전의 발원지라고 해서 심청각을 세워 놓고 찾아오는 사람들에게 심청이의 효심을 깨우쳐 주기도 한다.

　또한 백령도는 바다에서 나는 먹을거리가 풍성하다.

마침 장기 금식기도를 막 마치고 섬으로 들어갔던 나에게 싱싱하고 건강한 바다의 먹거리는 건강 회복에 큰 도움이 되었다.

오래 전 하늘나라로 가신 주 집사님은 배를 타고 낚시를 하셨다. 그리고 잡은 생선 중 제일 큰 것 두 마리를 항상 사택으로 가지고 오셨다. 그러고는 "목사님! 매운탕 끓여서 맛있게 잡수세요."라고 말씀하시며 생선을 놓고 가셨다.

주로 자연산 놀래미를 가지고 오셨고, 때로는 우럭도 가져다 주셨다. 그러면 매운탕을 끓이거나 구워서 먹기도 했는데, 자연산이라서 그런지 담백하여 얼마나 맛있었는지 모른다.

주 집사님의 이런 배려는 내 건강 회복에 많은 도움이 되었다.

또 어떤 권사님은 석화라고 하는 자연산 굴을 가지고 오셨다. 작은 굴 하나하나를 일일이 쪼아서 채취해야 되기 때문에 아마도 많은 시간과 정성이 들어갔으리라. 너무 죄송하여 이제 됐으니 그만 가져오시라고 매번 만류해 봐도 소용없었다.

전복이나 해삼도 종종 가져다 주셨는데, 바닷가의 찬바람을 맞으면서도 참으로 귀한 것이라 직접 채취하여 목회자를 대접하려 하신 그 따뜻한 손길을 생각하면 지금도 감사한 마음에 목이 멘다.

또다른 성도님들도 바다낚시를 하여 여러 종류의 생선을 큰 그릇에 수십 마리씩 잡아 오시곤 했다. 덕분에 모든 생선을 자연산으로 먹을 수 있었다.

나는 성도님들을 따라 조개를 캐러 가기도 했다. 바닷물이 빠지기를 기다렸다가 호미로 개펄을 긁으면 통통한 조개들이 여기저기서 발견되었다. 그럴 때면 마치 귀한 보물을 캐는 것과 같은 기쁨에 휩싸였다. 자연산 홍합도 종종 따 먹었는데, 홍합으로 전을 부쳐서 먹었던 기억이 새록새록 난다.

이외에도 백령도는 도토리로 쑨 도토리묵, 메밀로 만든 황해도 옹진 메밀냉면이 일품이다. 고구마도 유명한데, 육지에 있는 고구마보다 당도가 높은 품종이라고 한다. 그래서 백령도에서는 고구마를 땅속의 과일이라는 뜻으로 '지과'라고 부른다. 이 맛있는 고구마 역시 성도님들의 사랑이 담긴 추억의 음식으로 남아 있다.

이렇듯 많은 분들의 넘치는 사랑으로 내 몸이 회복되었음은 두말할 필요도 없다. 다만 내가 부족하여 받은 사랑을 충분히 되갚지 못했으니, 사랑의 하나님께서 나 대신 그분들께 더 좋은 것으로 갚아 주셨으리라 믿는다.

나에게 백령도는 초임 목회지로도, 청정 바다에 둘러싸인 공기 좋고 깨끗한 섬으로도, 정과 배려가 넘치는 다정한 성도들로도 결코 평생 잊지 못할 추억의 섬이다.

5 정든 백령도를 떠나다

서해 최북단에 있는 백령도는 교통이 무척 불편한 지역이었다. 게다가 내가 부임할 당시에는 인천에서 오직 배편으로만 오갈 수 있었고, 시간도 최소 8시간 이상 걸렸다.

물론 지금은 빠른 쾌속정이 운항을 하므로 4시간 정도면 갈 수 있다. 서두르면 하루 안에 인천과 백령도를 왕복할 수 있다고 한다.

어쨌든 그때는 백령도에 들어가기 위해 인천 연안부두 선착장에 나와 하루에 한 번 아침 일찍 출항하는 여객선을 타야 했는데, 바람이 불거나, 파도가 높게 일거나, 안개가 끼는 등 기상 상황이 좋지 않으면 운항을 하지 않았으므로 하는 수 없이 숙소로 돌아갔다가 다음 날 아침 일찍 다시 나와서 수속을 밟아야 하는 일이 다반사였다.

그런 까닭에 백령도 목회에서의 제일 큰 어려움은 바로 육지를 오가는 일이었고, 그 때문에 연로하신 부모님을 자주 찾아뵙지 못했던 일이 마음에 걸린다.

그리고 또 하나의 어려움은 교육 환경이 열악하다는 것이었다.

우리 가족이 백령도에 들어갔을 때, 두 딸은 유치원에 다닐 나이였다. 그리고 백령도 교회에 부임한 다음해에 첫째 딸이 초등학교 1학년에 입학했는데, 1학년 학생 수가 단 3명이었다.

학생이 적으니 학년마다 선생님을 두지 않고, 선생님 한 분이 두 학년을 가르쳤다. 학년이 다른 학생들이 한 교실에서 공부하다 보니 나이에 맞는 통상적인 수업을 받을 수 없었다.

나야 사명을 받아 섬에서 목회를 한다고 하지만, 본인들의 뜻과는 상관없이 부모를 따라 섬으로 온 아이들에게는 미안한 마음이 들었다. 그리고 부모로서 제약된 교육 환경에서 자랄 아이들의 미래에 대하여 고민하지 않을 수 없었다. 나는 결국 짧다면 짧은 3년여의 사역을 뒤로하고 백령도를 떠나기로 결정했다.

결심을 굳힌 나는 하나님께서 주장하여 이끄시길 기도하며 새로운 임지를 찾아본 끝에 익산시(그 당시는 익산군)에 소재한 농촌의 한 작은 교회를 소개받았다.

자립하지 못한 작은 교회를 내가 감당할 수 있을까 걱정되기도 했지만, 다른 교회는 직접 와서 선(?)을 봐야 한다는 조건이 있었으므로 결국 그 교회로 임지를 결정하고, 선배 목사님을 통해 이력서를 보냈다.

작은 교회였기 때문인지 교회에서 목회자를 만나보러 오는 절차가 생략되었고, 나도 섬에 묶여 있던 처지였으므로 직접 교회를 찾아가 보지 못했다.

이렇게 해서 나는 백령도에 왔을 때 그러했듯, 두 번째 임지도 직접 보지 못한 채 결정하였다. 일반적인 청빙의 모습은 아니었지만 하나님의 뜻에 모든 걸 맡기고 받아들이기로 했다.

청빙 절차가 끝나자, 나는 백령도 교회에 사직서를 제출했다.

내가 부임한 후 백령도 교회는 이전보다 훨씬 안정되었고, 목회자와 성도들과의 관계 또한 원만했기 때문에 내가 계속해서 시무하길 원했는데 갑자기 임지를 옮긴다고 하니 어찌 실망이 크지 않았으랴.

하지만 모든 것이 결정난 후라 교회에서는 나를 떠나보낼 수밖에 없었고, 나 또한 아쉬움을 뒤로하고 정든 목회지를 떠나게 되었다.

꽤나 추웠던 1992년 12월 중순, 미리 꾸려 놓은 이삿짐을 화물선으로 보낸 나는 가족과 함께 간단한 짐을 준비하여 이른 아침 교회를 나섰다. 3년여의 기간 동안 꽤 깊이 정들었던 만큼 헤어질 때 성도들과 눈물의 시간을 보냈음은 너무나 당연했다.

아픈 이별을 겪으며 나는 '앞으로는 가능하면 임지를 옮기지 말아야 되겠구나.'라고 생각했다.

5장 ··· 두 번째 사역지

작은 교회의 속사정

8시간의 긴 항해 끝에 인천 연안부두에 도착한 우리 가족은 숨돌릴 겨를도 없이 익산으로 내려가야 했다. 서울까지 가서 기차를 타고 익산역에 도착하니 어두운 밤이었다.

다행히 목회지를 소개해 주신 선배 목사님께서 익산역까지 차를 가지고 마중을 나와 계셨다. 우리 가족은 그 차를 얻어 타고 지척을 분간할 수 없는 시골길을 달려갔다.

목회자를 청빙하는 교회에서 직접 사람들이 나와 이사하는 과정까지 책임지는 것이 상례였지만, 역에 아무도 나오지 않은 걸 보니 교회 상황이 썩 좋지 않다는 사실을 어렵지 않게 짐작할 수 있었다.

캄캄한 밤인지라 교회로 들어가는 길목을 쉽게 찾지 못하고 한참 동안을 헤매다가 겨우 교회로 들어가자, 기다리고 있던 성도님 몇 분이 우리 가족을 맞이해 주셨다. 그제야 예배당과 우리 가족이 앞으로 생활하게 될 사택을 돌아보니 생각했던 것보다 더 작았다.

백령도는 교회 건물도, 교육관도, 사택도 양옥집으로 잘 지어진 곳이었다. 그런데 이 교회는 백령도 교회와 비교해 너무 차이가 났다.

이튿날 아침 나는 교회를 자세히 둘러보았다. 블록벽돌로 지어진 작은 교회는, 지붕을 슬레이트로 씌운 24평 정도의 낡은 건물이었다. 목회자 사택도 블록벽돌의 9평짜리 건물로, 지붕은 역시 슬레이트로 되어 있었다.

게다가 조그만 시골 마을이다 보니 30여 년의 역사를 가진 교회였음에도 불구하고 아직까지 자립을 못하고 있었던 모양이었다.

'아! 이런 형편이라서 목회자를 보지도 않고 청빙했구나.'라는 생각에 탄식이 절로 나왔다.

무엇보다 나를 따라온 가족들에게 미안할 따름이었다. 아이들에게 더 좋은 교육 환경을 마련해 주고자 한 선택이었는데. 신중하지 못했던 나 자신을 탓해 보았지만 결국 받아들여야 할 현실이었다.

이 교회의 청빙 절차를 밟을 때 소개하셨던 목사님께서 부임하면 최소한 3년은 시무해야 한다는 조건을 제시하셨다. 그동안 시무했던 목회자들이 2년에서 3년 정도밖에 머물러 있지 않았기 때문이다. 그러므로 이번에는 아예 부임하는 목회자에게 최소한 3년은 시무해야 한다는 조건을 제시하기로 교회에서 결정한 것이다.

게다가 그동안 시무했던 목회자들은 대부분 전도사님이셨다고 한다. 신학교를 다니는 동안 시무하다가 졸업과 동시에 다른 교회로 임지를 옮겼기 때문에, 이 교회는 마치 목회자들이 잠시 머물다 떠나가는 곳으로 인식되어 있었던 것 같다.

내가 부임하기 바로 전에 사역하셨던 목회자는 목사님이셨는데, 그 목사님은 부임하실 때 평생 이 교회에서 목회하시겠다고 말씀하셨다고 한다. 그런데 6개월 정도 시무하셨을 무렵 러시아 선교사로 떠날 수밖에 없는 사정이 생기고 만 것이다.

사실 나도 최소 3년은 사역해야 한다는 조건을 들었을 때 잠깐 망설이기도 했지만, 아이들을 위해서라도 하루빨리 육지로 사역지를 옮겨야 한다는 욕심에 그러겠노라고 약속을 하였다.

교회 주변에 큰 마을이라도 있으면 부흥의 희망을 가져보겠지만 마을도 작았고, 발전 가능성도 보이지 않는 지역이었다. 따라서 3년이란 약속을 하지 않았더라면 나 또한 중간에 임지를 옮겼을지도 모를 일이다.

그러나 약속을 했기에 '그래, 3년만 견디어 보자.'라는 생각으로, 세월이 빨리 흐르기를 기다리며 목회를 했다. 그러니 어찌 교회가 부흥할 수 있었겠는가? 그리고 노회 목사님들과 유대를 잘 맺어 놓으면 임지를 옮길 때 유리할 것이라 생각하고 목회보다는 목사님들과 교제하는 일에 신경을 썼다.

그렇게 아무 변화 없는 시간들이 흘러갔다.

2 받는 교회에서 주는 교회로

농촌의 낡은 건물이었던 작은 예배당은, 겨울에는 바닥에서 냉기가 올라와 어찌나 추운지 예배를 드리는 것도 힘들었고, 새벽기도회 시간에도 몸이 덜덜 떨리는 맹추위 때문에 기도에 집중할 수 없었다. 여름이 되면 변변한 냉방시설도 없어서 땀을 뻘뻘 흘리며 예배를 드려야 했다.

9평 정도 되는 사택 역시 겨울에는 추웠고, 여름에는 그렇지 않아도 더운데 지붕의 슬레이트가 한낮에 열을 받아 집 안이 펄펄 끓다시피 한지라 저녁 9시가 넘어서야 겨우 들어설 수 있었다.

한낮의 천장을 만져보면 뜨거움이 그대로 느껴질 정도였으므로 낮에는 시원한 소나무 숲으로 피신을 했다가 밤 늦게서야 집 안으로 들어가곤 했던 것이다.

게다가 아내와 아이들은 쥐를 제일 싫어했는데, 많은 쥐들이 마치 약올리기라도 하듯 천장에서 우르르 몰려다니기도 하고, 천장 모서리에 구멍을 뚫어 놓기도 하고, 벽을 타고 오르내리기도 하였다.

장년 성도는 20여 명인데, 안수집사 2명, 권사 2명, 그 외 서리집사 몇 분이 교회 일꾼의 전부였으므로 당회는 구성되지 못하였고, 재정도 미약한 상황이었다.

교회에서는 목회자의 사례비조차 감당할 수 없어 외부에서 지원을 받았다. 노회, 여전도회 연합회, 그 외에 여러 교회로부터 조금씩 지원을 받아 충당했던 것이다. 교회 자체적으로 헌금이 모이지 않으니 어쩔 수 없는 일이었다. 그런 형편이니 사례비가 몇 달씩 밀리는 경우도 있었다.

지원금은 지원하는 교회나 단체에서 직접 현금으로 전달해 주었는데, 어떤 때에는 목회자가 직접 가서 돈을 수령해야 하는 일도 있었다. 그럴 때면 왠지 부끄럽고 창피한 마음이 들었다.

노회 회의록에는 생활비를 지원받는 교회의 명단이 소개되었으므로 그 교회 목회자들은 주눅이 들 수밖에 없었다. 물론 직접적으로 눈치를 주진 않았지만 본인 스스로 그런 마음이 들었던 것이다.

원래 노회에서는 미자립교회 목회자의 생활비를 어느 정도 지원한 후 중단해야 했다. 그래야 교회들이 자립하기 위해 스스로 노력한다고 생각했기 때문이다.

하지만 내가 사역하던 교회는 형편이 얼마나 안 좋았는지 예수님 오실 때까지 목회자의 생활비를 보조해 주어야 한다고 했을 정도로, 다른 사람들 눈에도 자립할 희망이 전혀 보이지 않았던 모양이다.

내가 부임했을 무렵, 교회에서는 한 달 사례비로 35만 원을 세웠다. 물론 그마저도 이곳저곳에서 지원을 받아야 했지만. 오죽했으면 좁은 교회 마당에 잔디를 심은 뒤, 그 잔디를 팔아 교회 수입으로 사용할 정도였다.

성도들 중 십일조를 드리는 사람은 불과 2, 3명 정도였으므로 그 어려운 사정을 짐작할 수 있을 것이다.

그러다 보니 목회자는 물론 성도들도 항상 '우리 교회는 작은 교회다, 어려운 교회다. 보조를 받아야 한다, 우리 힘으로는 도저히 자립할 수 없다.'라는 생각에 사로잡혀 있었다. 작은 마을에 세워진 교회요, 성도들의 숫자도 적은지라 그렇게라도 위안을 삼은 것이다.

교회 차량은 당연히 없었으며, 시내버스가 다니긴 했지만 자주 운행하지 않기 때문에 시내를 오가는 것은 매우 힘든 일이었다.

당시 우리집 딸들은 각각 초등학교 3학년과 2학년이었는데, 3km나 떨어진 학교에 다니고 있었으므로 등하교하는 일이 여간 신경 쓰이지 않았다.

도로를 이용하면 걷는 것이 편했지만 거리가 먼 데다 교통사고의 위험도 있으므로 지름길을 이용했다.

그런데 지름길을 통해 가면 옆 마을에서 키우던 개들의 위협을 견뎌야 했고, 논두렁과 밭두렁을 걸어야 하는 만큼 안전을 위해서라도 어른들이 돌봐주어야 했다.

이런저런 까닭으로 차량을 구입해야 했지만, 나도 경제적으로 어려운 데다 교회 살림은 더욱 어려웠으므로 차량 구입은 요원한 일이었다.

그러던 중 시내의 모 회사에서 사용하던 낡은 승합차를 명의 이전만 하여 가져올 수 있는 기회가 생겼다.

비록 외관은 낡았고, 속도를 내면 소리가 나기도 했지만, 2년 정도는 무난히 이용할 수 있었다.

그리고 2년 후에는 친분이 있던 장로님께서 중고 소형 승용차를 구입해 주셔서 그 차량을 받아 사용했다.

이렇듯 도움을 받는 것은 감사한 일이지만, 계속해서 도움만 받다 보면 자립은커녕 교회를 사역하는 일이 점점 더 힘들어질 것 같은 생각이 들었다.

나는 뜻을 굳게 세우고 성도들을 격려하였다.

"언제까지 받는 교회로 만족하며 지낼 수는 없습니다. 이제부터라도 지원받는 것을 중단하고, 스스로 해결할 수 있는 방법을 찾아봅시다. 우리에겐 전능하신 하나님 아버지께서 항상 함께하시니 믿음으로 기도하며 자립할 수 있는 길로 나아갑시다. 그리하면 머지않은 날 지원을 하는 교회가 될 수 있을 것입니다."

그리고 교역자의 생활비를 지원하는 교회에 찾아가 말했다.

"우리 교회는 이제 지원받는 것을 중단하겠습니다. 그동안 협력해 주셔서 감사했습니다."

그리고 몇 년 후에는 노회에서 받던 지원도 거절했다.

물론 모든 것이 당장 넉넉해진 것은 아니었다. 아마도 표현은 하지 않았지만 성도들 중에는 내가 한 일에 대해 못마땅하게 생각한 성도들도 있었을 것이다.

하지만 나는 하나님께서 함께하실 거라는 믿음으로 포기하지 않았다. 오히려 지원을 받지 않는 것으로 끝낸 것이 아니라 "이제 우리 교회도 스스로 일어나 지원을 하는 교회가 되어야 합니다. 그리고 더 나아가 선교하는 교회로 거듭나야 합니다."라고 권면하였다.

그 결과 불가능한 일도 가능케 하시는 능력의 하나님께서는 믿음으로 행하는 우리에게 축복의 은혜를 내려주셨다.

그리하여 해외의 선교사님께 비록 적은 금액이었지만 선교비를 보낼 수 있었고, 국내 미자립 교회에도 목회자의 생활비 명목으로 지원을 하기 시작했다.

그러자 교인들은 긍지를 가지고 선교에 더욱 적극적으로 동참하였고, 세월이 지나고 보니 우리 교회는 연간 1천여만 원의 선교비를 지원하는 교회로 세워져 있었다. 오직 믿음으로 행하여 '받는 교회에서 주는 교회'로 탈바꿈한 것이다.

이렇듯 무슨 일에서든지 자립하기 위해서는 우선 받고 보자는 생각부터 버려야 한다. 또한 모든 것을 이루시는 하나님께 맡기고 믿음으로 노력한다면 우리와 항상 함께하시는 하나님께서 복에 복을 더하여 주실 것이다.

사택에 강도가 들다

우리 가족이 살고 있는 사택은 난방이 되지 않았기 때문에 겨울이면 건물 밖을 비닐로 빙 둘러싸 놓았다. 그러다 보니 통풍이 잘 안 되어 벽에 곰팡이가 생겼고, 그러한 탓에 나와 첫째 딸은 알레르기 비염으로 고생을 해야 했다.

이른 봄이면 비염 증상이 심하게 나타났는데, 새벽기도회를 인도하기 위해 일어나면 그때부터 재채기가 나오고 콧물도 줄줄 흘렀다. 예배를 인도하며 찬송을 부르다가도, 기도를 하다가도, 설교를 할 때에도 재채기가 나왔다. 그러니 콧물을 닦아내기 위해 휴지를 한 뭉치씩 써버리는 일이 다반사였다.

첫째 딸은 수업 시간에 수시로 재채기를 해서 친구들을 놀라게 한 적이 한두 번이 아니었다고 한다. 그런 까닭에 나와 첫째 딸은 비염 치료를 위해 병원에 수도 없이 다녀야 했다.

나는 그렇다 쳐도 아이가 아프니까 이사를 하고 싶은 마음이 굴뚝 같았지만, 교회를 운영하기도 벅찬 것이 현실이라서 사택을 옮기는 일은 꿈도 꿀 수 없었다.

그런데 사택을 새로 건축할 수밖에 없는 계기가 생겼다.

우리 가족은 '시골의 작은 교회에 훔쳐 갈 것도 없는데 설마 누가 들어오겠는가?'라고 생각하며 사택의 문을 잠그지 않고 다녔다.

어느 날, 새벽기도회를 마치고 돌아와 보니 밤손님이 다녀간 흔적이 보였다. 하지만 가져갈 것이 없는지라 빈손으로 갔을 게 분명했다. 나는 '허탕을 쳤으니 다시는 오지 않겠지.'라고 대수롭지 않게 넘기고는 계속 문을 잠그지 않고 생활했다.

그러던 어느 여름날 저녁, 곤히 잠을 자고 있는데 누군가 옆구리를 퍽퍽 차는 것이었다. 깜짝 놀라 깨고 보니 강도가 나를 발로 차고 있었다. 당시 안방에는 나와 아내, 막내 아이가 잠을 자고 있었고, 두 딸들은 옆방에서 잠을 자고 있었다.

나는 강도와 싸워 보려 이모저모 궁리해 보았지만, 어린 아기인 막내가 바로 옆에 있었기 때문에 함부로 움직이기엔 위험한 상황이었다. 그래서 이내 싸우기를 포기하고 강도의 요구를 들어주는 것이 낫겠다고 판단했다.

강도에게 시키는 대로 하겠다고 했더니 옆방에 있는 금고문을 열라고 하였다. 얼마 전 침입했었을 때 금고를 보았지만 미처 열지 못하고 가버렸던 모양이다. 그리고 이번에는 금고를 열게 하기 위해 집에 사람이 있을 때를 노려 찾아온 것이다.

'시골 작은 교회에 웬 금고가 있지? 돈이 얼마나 많이 있다고.'라고 생각할 수 있을 것이다.

금고를 두게 된 경위를 말하자면 간단하다. 시골인지라 헌금이 많이 나오는 것도 아니요, 그렇다고 은행이 가까운 곳에 있는 것도 아니어서 사택에다 금고를 두고 헌금을 보관하면 좋을 것 같았기에 교회에서는 거금을 들여 금고를 구입한 것이다. 그런데 그 금고가 강도를 불러들이는 계기가 되었다니.

나는 강도에게 잡혀 금고가 있던 옆방으로 끌려갔다. 그는 잠들어 있던 내 어린 두 딸들을 이불로 둘러씌워 놓고는 빨리 금고문을 열라며 나를 다그쳤다.

금고문은 좌우로 네 번을 돌려서 비밀번호를 맞추어야만 열렸는데, 매번 비밀번호를 맞추기가 번거로워 번호를 미리 맞추어 놓고 마지막 번호를 약간만 움직이면 열리도록 조정을 해놓았었다. 그래서 다행히 불을 켜지 않은 상태에서도 손쉽게 금고문을 열 수 있었다.

강도는 금고 안에 들어 있던 봉투 두 개를 주머니 속에 넣고는 돈이 더 남아 있는지 금고 안을 확인했다. 그리고 나서 만약 경찰에 신고하면 가족들을 찾아내 가만두지 않겠다며 갖은 협박을 하고 난 다음, 냉장고 안에서 음료수까지 꺼내어 마시고 가 버렸다.

금고 안에는 성도님 가정을 심방하며 받은 심방감사헌금을 보관하고 있었는데 그 봉투 두 개만 가져갔으니 액수는 몇 만 원에 불과하였다.

하지만 그 봉투라도 있었기에 망정이지, 만약 그 봉투가 없었다면 화가 난 강도가 어떻게 나왔을지 상상만 해도 소름이 끼친다.

강도 사건으로 한동안 극심한 긴장감 속에 살았던 나는 창문마다 방범창을 달고 호신용 가스총을 구입하기도 하였으며, 그 후부터는 가까운 곳에 가더라도 문단속을 철저히 하였다.

또한 나는 '작은 시골교회에 강도가 들어올 리 있겠는가?'라고 방심했던 어리석음을 깨닫고, 부랴부랴 사택을 보수하였다. 하지만 본바탕이 열악하니 보수한다고 해서 해결될 일은 아니었다.

결국 성도님들의 중지를 모아 사택을 건축하기로 결의하고, 1997년 드디어 사택을 건축하게 되었다.

물론 당시에도 교회 형편은 여전히 넉넉한 편이 못 되었다. 그래도 성도님들이 합심하여 동참해 준 덕분에 아름답고 튼튼한 양옥 스타일의 사택을 완공하고, 그 해에 입주하여 지금까지 생활하고 있다.

9평짜리 작고 낡은 집에서 생활하다가 30평짜리 양옥집에 들어서니 마치 궁궐에서 사는 기분이 들었다. 너무나도 기쁜 마음에 사택에 입주하는 날, 성도님들과 마을 분들을 초청하여 잔치를 벌였다.

비록 온 가족이 강도에게 위협을 당하는 지옥을 겪었지만, 그 어려움을 지혜와 용기로 이기게 하시고, 이전보다 더 좋은 환경에서 살 수 있게 하여 천국으로 이끄신 하나님의 크나큰 은혜에 감사드린다. 이것이 바로 주님께서 베푸신 전화위복의 은총이리라.

성전을 건축하다

하나님의 은혜로 사택을 건축하고 나니, 새로운 사택과 비교되는 성전이 더욱 초라해 보였다.

사택은 벽돌로 튼튼하게 지어진 양옥집인데, 하나님께 예배드리는 공간인 성전은 작고 낡았으니 하나님께 죄송한 마음이 들었다. 여러 정황상 성전을 먼저 건축하지 못한 것이 못내 죄스러웠던 것이다.

하지만 재정적으로 넉넉지 못하니 선뜻 성전을 건축하자고 나설 수가 없었다. 더구나 사택을 건축할 때 받았던 대출을 상환하는 중이 었기 때문에 당장은 성전 건축을 위한 계획조차 세울 수 없었다.

성도들 모두 성전 건축에 대한 마음만 있지 실행에 옮기지 못해 전 전긍긍하고 있을 때였다.

1997년 12월, 성전건축헌금이 무명으로 바쳐졌다. 헌금 봉투에 는, "2000년도에 성전이 건축될 줄 믿습니다."라는 기도 제목과 함 께 백만 원이 들어 있었다.

그 무렵, 사택을 건축할 때 받은 대출 상환금이 500여만 원 정도 남아 있었다. 아직도 빚을 지고 있는 형편인데 '2000년에 성전이 건축될 줄 믿습니다.'라니. 아마도 성도들은 이루어지기 불가능한 기도라고 생각했을 것이다. 나조차도 확신할 수 없었으니 말이다.

하지만 우리는 전지전능하신 하나님의 능력을 믿는 자녀들이 아닌가. 나와 성도들은 곧 마음을 하나로 모으고 그 헌금을 믿음의 씨앗으로 삼아 성전 건축을 위한 기도를 하기 시작했다.

시골 작은 교회 성도들의 삶이 넉넉한 것도 아니요, 그렇다고 큰 사업을 하는 성도가 있어 뒤를 받쳐주는 것도 아니었다. 하지만 우리에겐 모든 것을 이루시는 전능하신 하나님이 계셨다.

하나님께서는 간절한 기도와 믿음으로 드려진 헌금을 받으시고 응답하시사 2000년, 드디어 성전을 건축하게 하셨다. 사람의 힘만으론 불가능한 일이 오직 하나님에 대한 믿음으로 열매 맺게 된 것이다.

성전 건축을 위해 유산으로 물려받은 땅을 팔아 천여만 원이 넘는 큰돈을 헌금한 성도, 평생 모은 패물을 아낌없이 드린 성도, 힘든 품팔이를 해서 한푼 두푼 모은 소중한 돈을 헌금한 성도, 오랜 꿈을 담아 모은 적금을 깨뜨려 헌금한 성도, 결혼 준비자금으로 모아둔 돈의 일부를 기꺼이 드린 성도, 고사리 같은 손으로 돼지저금통을 가져와 통째로 드린 주일학교 학생 등 이런저런 모양으로 성전 건축을 위해 정성을 모아준 성도들의 헌신에 하나님께서는 기꺼이 응답하셨다.

또한 성전 건축을 시작할 즈음, 건축 일을 하는 분이 우리 교회에 출석하게 되었고, 그분을 중심으로 일이 착착 진행될 수 있었다. 하나님께서 미리 예비하시고 때가 되매 그에 꼭 맞은 일꾼을 보내주신 것이리라. 그분은 성전 건축하는 모든 일을 무보수로 봉사하셨다. 원래 하고 있던 농사일과 건축일을 병행하면서 성전 건축에 헌신하신 것이다. 과로로 입원까지 할 정도로 헌신하셨다.

물론 다른 성도들도 이 모양 저 모양으로 열심히 봉사하며 손을 보태주셨고, 목회자들도 일꾼으로 수고하셨다.

약 2년에 걸친 여러분의 기도와 헌금으로, 120평의 붉은 벽돌 건물이 2층으로 완성되었다. 우리는 믿음으로 세운 성전에 기쁜 마음으로 들어가 감사함으로 입당 예배를 드렸다.

도저히 불가능한 성전 건축이었지만 하나님께서 역사해 주심으로 놀라운 기적을 보게 되었다. 목표를 가지고 기도와 헌금으로 성전 건축의 씨앗을 심었더니 하나님께서 목표한 날에 맞춰 정확하게 열매를 거두게 하신 것이다.

이렇듯 하나님께서 기뻐하시는 일을 위해 믿음으로 기도하며 씨앗을 심으면, 하나님께서 함께하시매 자라게 하시고 열매를 맺게 하신다. 오! 뜻대로 이루신 하나님, 온전히 홀로 영광을 받으시옵소서.

또한 이 기회를 빌려 성전 건축에 힘써 주신 모든 분들께 다시 한 번 감사를 드리며, 하나님의 축복이 영원히 함께하시길 기도드린다.

날아간 예배당 지붕

성전 건축에 대한 얘기를 하다 보니 잊혀지지 않는 에피소드가 하나 생각난다. 바로 예배당 지붕이 통째로 날아간 사건이다.

예배당을 건축할 때 튼튼하게 하기 위해 철골 H빔으로 골조를 세웠고, 지붕 공사도 일부러 전문 시공 업체에 맡겼다. 그래서 아무 하자 없이 잘 마무리된 줄로 알았다. 그런데 예기치 않은 사고가 일어난 것이다.

그날 저녁에는 어쩐지 비바람이 세차게 불었다. 평소와 다름없이 새벽기도회를 인도한 나는 개인 기도를 한 다음 사택으로 돌아와 잠시 쉬고 있었다.

그런데 갑자기 큰 천둥소리가 나는 것이 아닌가. 깜짝 놀라 밖으로 뛰쳐나가 예배당을 올려다보았다. 그랬더니 아뿔싸! 예배당 지붕 전체가 온데간데없이 사라지고 만 것이었다.

비는 계속해서 세차게 내리고 있는데 지붕이 날아가 버리자 예배당 안으로 많은 비가 계속해서 쏟아져 내렸다. 한밤중에 벌어진 홍두깨 같은 상황에 나는 그야말로 망연자실하였다.

급히 2층 본당으로 올라가 보니 역시 천장에서 예배당 바닥으로 빗물이 쏟아져 내리고 있었다. 예배당 바닥에 물이 고여가는 중에도 비는 계속해서 내리자 나는 어쩔 줄을 모르고 넋을 놓고 서 있었다.

그러다 번뜩 정신을 차리고 보니 성도님들이 바닥의 물을 퍼내고 있었다. 나는 성도님들과 함께 예배당 집기들을 비닐로 덮어 최대한 피해를 줄이기 위해 노력했다. 그리고 빨리 비를 멈추어 주시길 하나님께 간절히 기도했다. 아아! 감사하게도 오후부터 비가 멈추었다.

지붕이 날아간 쪽을 바라보니, 지붕을 덮고 있던 판넬이 약 50m 정도 떨어진 이웃집 밭에서 뒹굴고 있었다. 흡사 전쟁터의 폐허처럼, 강력한 태풍이 휩쓸고 지나간 지역처럼 처참한 모습이었다.

그나마 불행 중 다행인 것은, 지붕 잔해가 교회 정면 쪽으로 날아갔다면 큰 피해를 입었을 텐데 교회 측면 쪽으로 날아갔기 때문에 인명 피해가 없었다는 사실이다.

교회 정면 쪽으로는 성도들의 가정을 비롯해 몇몇 가정이 살고 있었기 때문에 만약 지붕 잔해들이 그쪽으로 날아갔더라면 집이 파손되는 것은 물론, 새벽 시간 집 안에 있던 사람들이 큰일을 당했을 수도 있었다. 그런데 측면으로 날아간 덕분에 끔찍한 사고가 일어나지 않은 것이다. 그야말로 하나님이 지키셨다고 할 수 있다.

더욱이 감사한 것은 지붕이 날아간 다음날부터는 날씨가 좋아서 비에 젖은 예배당 내부가 빠르게 마를 수 있었으므로 불필요한 내부

공사는 하지 않아도 되었다. 하지만 지붕 공사는 다시 해야만 했다. 그런 까닭으로 꽤나 많은 재정적 손실을 보았지만, 예배당을 더욱 튼튼하게 지을 수 있었음에 감사를 드렸다.

또한 이 사건으로, 어떤 일을 시작하려면 그 전에 모든 부분을 꼼꼼하게 알아봐야 한다는 교훈을 얻었다.

처음 지붕 공사를 할 때는 교회가 위치한 지역을 고려하지 않고 일반적인 상황에 맞춰 했었다. 하지만 우리 교회는 바람이 강하게 부는 지역에 있었기 때문에 이를 감안하여 지붕의 재료와 시공 방법을 선택했어야 했던 것이다.

비록 예기치 않은 사건 덕분에 지붕을 환경에 맞춰 다시 잘 만들어 놓았지만, 나는 지금도 바람이 강하게 불면 혹시나 예전처럼 지붕이 날아가지 않을까 염려되어 기도를 하곤 한다. 자라 보고 놀란 가슴 솥뚜껑 보고 놀란다는 속담이 꼭 들어맞는 상황이다.

이렇듯 살아가면서 생각지 못한 어려움을 만나기도 하지만, 아버지 되시는 하나님께서는 우리가 어려운 일을 겪을 때마다 외면치 아니하시고 피할 길을 예비해 주신다. 믿고 간구하면 모든 일을 은혜로 인도해 주시므로 세상의 고난을 극복하며 살아갈 수 있는 것이다.

나 또한 목회를 하면서 이런저런 감당치 못할 상황들에 부딪히기도 하지만, 모든 일에 선으로 인도해 주시는 하나님의 은혜가 있었기에 지금까지 무사히 목회 사역을 감당할 수 있었음을 고백한다.

6 성전 건축을 통한 축복

어려움 가운데서도 포기하지 않고 합심하여 믿음으로 기도했더니 하나님께서는 아름다운 성전을 건축하게 해 주심은 물론, 성전 건축에 힘을 모은 성도들에게도 큰 은혜의 복을 내려주셨다.

제일 처음으로 헌금을 드려 성전 건축의 씨앗으로 삼게 한 성도의 가정은 성전 건축을 시작한 그 해에 땅을 구입하였는데, 몇 년 후 그 땅 옆으로 도로가 개설되어 땅값이 많이 올랐다고 한다. 게다가 그림 같은 집을 짓고, 한우를 사육하며 경제적으로 풍족한 생활을 하고 있다. 이에 더하여 남편은 안수집사, 아내는 권사의 직분을 받아 열심히 충성하는 일꾼의 가정으로 축복하셨다.

그리고 유산으로 물려받은 땅을 팔아 헌금을 드린 총각은 믿음 좋은 고등학교 여선생님을 만나 행복한 가정을 이루게 하셨다.

또한 성전 건축의 진행을 맡아 주도적으로 헌신한 성도는, 그 당시에는 초신자였지만 지금은 안수집사를 거쳐 장로로 세움 받아 귀한 일꾼이 되었으며, 자신의 주택도 근사하게 건축하였다.

그 밖에도 성전 건축에 여러 모양으로 헌신했던 성도들의 생활 수준이 전보다 훨씬 나아졌음은 분명한 사실이다.

어려움 가운데 성전을 건축하면서도 적은 액수지만 미자립교회를 돕는 일과 선교사님들을 후원하는 일들을 쉬지 않고 감당하였다. 그랬더니 하나님께서 건축을 위해 받았던 대출금을 모두 상환하는 역사를 이루어 주셨다.

사실 성전을 건축하고자 할 때 여러 가지 의견들이 대두되었었다. 어떤 성도는 "재정적으로 어려우니 1층 건물만 세웁시다. 주변 마을도 작으니 크게 건축할 필요가 없어요."라고 주장하였고, 일부에서는 "이왕 건축하는 것 힘이 들더라도 크게 건축합시다."라는 의견도 나왔다. 그 결과 120여 평의 2층 건물이 성전으로 세워졌다.

하나님의 인도하심을 따라 모두가 만족하는 귀한 성전이 세워졌으니, 성전을 건축하고자 하는 교회에서 구경을 올 정도로 칭송받게 되었다.

모든 역경을 이겨내고 아름다운 성전을 건축하여 봉헌할 수 있었던 것은 모두 하나님께서 도우신 선한 역사임을 거듭 밝히는 바이다.

교회 차량을 구입하다

내가 본 교회에 부임했을 때는 교회 차량이 없었다. 게다가 시내버스도 잘 다니지 않을 뿐더러 버스 운행 시간에 맞추어 타는 것도 쉽지 않았다.

그 무렵 첫째 딸이 초등학교 3학년, 둘째 딸은 초등학교 2학년이었다. 그러니 무엇보다 아이들의 등하교가 가장 큰 문제였다.

학교까지의 거리도 상당히 멀었는데, 시내버스 운행 시간이 등하교 시간에 맞지 않아 걸어서 다녀야 했다.

그런데 도로는 비포장이어서 먼지가 풀풀 날렸고, 자동차 사고의 위험도 있었다. 지름길도 있었지만 그 길에도 크고 작은 위험들이 존재했다.

버스가 드물게 다녔기 때문에 볼일이 있어 시내에 나가는 것도 여간 불편하지 않았다. 하지만 교회가 재정적으로 어려우니 차량을 구입할 수가 없었다.

그처럼 1년여 동안 불편함을 감수하고 생활하던 중, 어떤 회사에서 사용하던 중고 차량을 무상으로 얻을 수 있는 기회가 생겼고, 그 차량을 인도받아 2년여 동안 그런대로 잘 이용하였다.

하지만 노후 차량인지라 외관은 물론 내부도 낡아 운전을 하고 가면 털털거리는 엔진소리가 요란하여 걱정스럽기도 하고, 사람들이 수군거릴까 봐 슬며시 자존심이 상하기도 했다.

그러나 교회에서는 물론 개인적으로도 차량을 마련할 수 있는 여건이 되지 않았기 때문에 별다른 수가 없었다.

그러던 어느 날, 서울에 계신 어느 장로님께서 깨끗한 중고 소형 승용차를 구입해 주셨다. 그동안에도 이런저런 도움을 많이 받았는데, 선뜻 차량까지 구입해 주시다니 참으로 감사했다.

장로님께서는 그 후에도 계속해서 물질로 후원을 해 주셨고, 교회가 자립하게 되자 진심으로 기뻐해 주셨다. 지금 생각해도 정말 크나큰 사랑을 나누어 주셨던 장로님이시다.

얼마 후, 처제 가정이 외국 지사로 떠나게 되면서 타고 다니던 중형차를 우리에게 주고 갔다. 그래서 장로님께서 사 주셨던 소형차는 개척교회 목사님께 무상으로 드렸다. 장로님께 받은 사랑을 나 역시 어려운 교회 목사님께 사랑으로 전한 것이다.

그리고 몇 년 동안 중형차를 잘 이용했는데, 그 또한 날이 갈수록 노후되어 수리 비용이 만만치 않았다.

그러던 중, 사택과 성전을 건축하고 나니 슬슬 교회 차량 구입에 대한 의견이 나왔다.

2002년, 드디어 교회에서 고급 중형 승합차를 구입하였다.

대부분의 교회는 일반적인 승합차를 구입했지만, 우리는 승용차로도 이용할 수 있는 RV 차량을 구입하였다. 당시 교회의 형편으로 봐서는 파격적인 선택이라고 할 수 있다.

주위의 다른 교회 목회자님들이 보고 부러워할 정도였으니 왠지 뿌듯한 생각이 들었다.

그 차량은 지금까지도 큰 사고 없이 잘 이용하고 있다.

도움을 받는 미자립교회에서 출발하여 성전에, 사택에, 차량까지 갖추게 되었으니, 여러 가지로 부족한 나를 목회자로 받아들이고 믿음으로 협력해 주신 성도들에게 베푸신 하나님의 은혜로다.

6장

아내는 훌륭한 동역자

고침 받은 아내

나의 아내는 여러모로 부족한 남편인 나를 만나 결혼 당시부터 지금까지도 경제적으로, 육체적으로, 심적으로 고생을 많이 하고 있다.

아내가 둘째를 임신했을 때의 일이다.

한의원에 가서 진찰을 받아보았는데 갑상선에 이상 증상이 보이니 종합병원에서 정확한 검사를 해 보는 게 좋겠다고 했다. 그 말을 듣고 보니 육안으로도 목 주위가 부어 올라와 있는 것이 보였다.

당장 종합병원으로 가서 혈액 검사, 초음파 검사 등 여러 가지 검사를 받아본 결과, 갑상선 항진증이라는 진단이 나왔다.

그 결과를 본 나는 크게 걱정하였다. 아내의 고종 사촌이 갑상선에 관련된 병을 앓다가 세상을 떠났고, 또 다른 한 명도 갑상선에 이상이 생겨 여러 해 동안 고생을 하고 있었기 때문이다. 옆에서 그것을 지켜보았던 아내 또한 심히 불안해했다.

하지만 믿음이 깊었던 아내는 이내 혼란스럽고 불안한 마음을 떨쳐 버리고 하나님께 기도하며 매달렸다.

"전능하신 하나님께서 이런 병쯤 못 고치시겠어? 하나님께서 치료 하고자 하신다면 이 물 한 잔을 통해서도 고쳐주실 수 있을 거야."

아내는 굳건한 믿음으로 기도하며 마음을 편안하게 다스렸다. 그리고 하나님께서는 그런 아내를 어여삐 여기사 치유의 은사로 응답하셨다. 얼마 후 재검사를 하였더니, 아내의 갑상선에 아무 이상이 없다는 것이다.

당시 아내는 주민등록증을 새로 만들기 위해 증명사진을 찍었었는데, 그 사진만 봐도 갑상선 이상 증상이 보일 정도로 몸 상태가 좋지 않았다. 그런데 한순간 깨끗하게 치료되었으니, 어찌 하나님께서 내리신 기적이 아니라 의심할 수 있을까. 모든 것을 이루시는 전능하신 하나님의 능력이 함께하지 않고는 절대로 일어날 수 없는 일이었다. 그리고 지금까지도 아내의 갑상선에는 아무런 이상이 없다

또 어느 날인가 아내는 머리가 몹시 아프다고 하였다. 식료품 상회를 운영하면서 아이를 돌보는 데다 둘째까지 임신중이었으니 몸과 마음이 지칠 대로 지쳐 있었을 것이다. 아프지 않으면 오히려 이상할 정도였다.

하지만 임신을 했기 때문에 약도 복용하지 못하고 참고 있었는데, 심한 두통이 있고 나서 오른쪽 관자놀이 부분이 부어올랐다.

병원에 가서 진찰을 해보았지만 정확한 원인을 알 수가 없었으므로 적절한 치료를 하지 못했다.

그렇게 시간이 흐르자 부어올랐던 관자놀이 부분이 딱딱하게 굳어

지더니 입을 잘 벌릴 수 없는 지경에 이르렀다. 입이 잘 벌어지지 않으니 음식도 잘 먹지 못하고, 물도 잘 마시지 못하고, 말도 수월하게 하지 못했다.

그러나 치료 방법을 모른 나는 답답한 마음으로 지켜볼 수밖에, 아무것도 해 줄 수가 없었다.

물론 그동안 치료를 하기 위해 노력을 안 한 것은 아니었다. 한의원에서 가서 침도 여러 차례 맞아봤고, 뜨거운 뜸도 헤아릴 수 없이 많이 떠서 그로 인해 흉터가 생길 정도였다. 하지만 그다지 효과를 보지 못했다. 수술도 고려해 보았지만, 머리 부분이라 쉽게 결정할 수 없었다.

결국 이도저도 하지 못한 채 아내는 힘든 시간들을 보낼 수밖에 없었다. 무엇보다 음식을 편하게 먹을 수 없는지라 아픈 몸을 회복하기가 더욱 어려웠다. 그런 몸으로 목회를 시작한 내 뒷바라지까지 해야 했으니 그 고생은 이루 말할 수 없었다.

그렇게 10여 년을 보내던 중, 종합병원의 성형외과를 찾아갔더니 아내의 수술은 너무나 어려워 만약 잘못하면 시신경이 손상되어 눈을 계속 뜨고 있어야 할 경우가 생길 수도 있고, 아니면 반대로 아예 눈을 계속 감은 채 살아갈 수도 있다고 하였다. 게다가 수술할 경우 성형외과, 신경외과, 정형외과 3과에서 협력하는 대수술이 될 것이며, 수술이 성공한다 해도 완치는 장담할 수 없다는 것이었다.

이 정도까지의 말을 들으면 세상 사람들은 대부분 포기할 것이다. 하지만 전능하신 하나님을 믿는 우리가 어찌 포기할 수 있겠는가. 믿음으로 기도하는 자녀들에게 하나님께서 베푸시는 기적은 반드시 일어난다.

결국 모든 것을 묵묵히 감당하며 믿음으로 충성한 아내에게 하나님께서 수술할 수 있는 의사를 만나게 하셨다.

예수병원 치과에서 전주의 종합병원에 계신 치과(악안면과) 교수님을 소개받았는데, 수술을 하면 완치될 수 있다는 확답을 주셨다. 이렇게 해서 아내는 발병한 지 10여 년 만에 수술을 받게 되었다.

약 8시간의 긴 수술이었지만 대견하게도 잘 견뎌주었고, 감사하게도 수술을 무사히 마칠 수 있었다. 그리고 수술 후 재활 치료를 통해 정상적인 생활을 할 수 있게 되었다.

아내가 10여 년의 긴 세월 동안 고통에 시달리며 고생한 것이 모두 내 탓인 듯하여 죄책감을 가지고 있었는데, 하나님께서 좋은 의사를 만나게 하시고 그를 통해 치유의 은사를 내리심으로 아내의 병을 낫게 하시고, 나의 죄책감을 그나마 덜 수 있게 하셨으니 한없는 주님의 은혜에 어찌 감사하지 않으랴.

"나를 사랑하는 자들이 나의 사랑을 입으며 나를 간절히 찾는 자가
나를 만날 것이니라"(잠 8:17)

아내의 전도 열정

아내는 처녀 시절부터 전도의 은사와 열정이 있었다. 그래서 전도
를 많이 하여 전도왕으로 뽑혀 상도 받았다고 한다.

그러한 까닭인지 아내는 내가 인천에서 부교역자 생활을 하고 있
을 때에도 항상 전도 팀에 동참하여 전도하는 일에 힘썼고, 평소에도
전도편지를 손수 써서 집집마다 돌아다니며 전도편지를 넣는 일을
오랫동안 실천하였다.

그렇게 전도편지를 넣어둔 가정을 다시 방문해 보면 대문에 십자
가 교패가 붙혀져 있곤 했으니 보람된 일이 아닐 수 없었다.

내가 두 번째로 부임했던 곳은 작은 마을로 사람들도 얼마 없었지
만, 아내는 그런 중에도 열심을 가지고 전도하기를 쉬지 않았다.

작은 마을이기에 서로 사정을 잘 아는지라 어떤 사람을 전도 대상
자로 정해 찾아가고자 하면 성도들이 "사모님! 제가 잘 아는데 저 사
람은 어차피 교회에 안 나올 사람이니 가지 마세요."라고 말리기도

했다. 하지만 아내는 포기하지 않고 꾸준히 찾아다니며 전도했고, 그 결과 마을 거주자의 60%가 넘는 사람들이 교회에 출석하게 되었다.

농촌에서의 전도는 도시에서의 전도와는 아주 많이 다르다.

농촌은 여러 가지 일들로 이웃들 간에 관계가 이리저리 얽혀 있다. 주로 농사를 짓는 사람들이 많기 때문에 논이나 밭의 경계 같은 일들로 앙금이 쌓이기도 했다. 사소한 일들도 생계와 직접 관련이 있다 보니 쉽게 상처를 주고 받으면서도 쉽게 풀어지지 않는 것이다. 그래서 전도를 하다 보면, 교회에 가면 보기 싫고 미운 사람이 있으니 가지 않겠다는 핑계를 대는 사람들이 많았다.

이렇듯 전도하기 어려운 상황에서도 아내는 마을 곳곳을 누비며 열심히 전도하였다. 그렇게 몇 년 동안 꾸준히 찾아가 사랑을 나누고 전도한 결과, 아내의 믿음은 통했다. 절대로 교회에 나올 사람이 아니라던 당사자가 지금은 그 누구보다 열심히 교회에 출석하며 열성으로 믿음 생활을 하는 성도가 된 것이다.

어떤 사람은 여러 번 찾아가도 교회에 나오지 않겠다고 하기에 아내는 "네, 이번이 마지막입니다. 다시는 찾아오지 않겠습니다."라고 다짐한 뒤 돌아왔다고 한다. 그리고 정말 가지 않았더니 궁금했는지 섭섭했는지 스스로 교회에 찾아왔다. 물론 그 후 열성적 성도로 변모한 것은 두말할 필요도 없다.

그 결과 지금은 내가 부임할 당시에 함께하셨던 성도님들은 불과 10여 명밖에 남지 않았고, 대부분의 성도님들은 내가 부임한 후에 출석하신 분들이다.

많은 세월이 흐르는 동안 하늘나라로 가신 분들, 사정이 생겨 이사를 가신 분들, 직장을 옮기는 바람에, 혹은 결혼을 해서 등등 여러 가지 이유로 교회를 떠난 성도들이 있는 반면 새로운 성도들도 오게 되어 교회는 계속해서 부흥하고 있는 중이다.

농촌 교회는 현실적으로 보면 부흥의 가능성이 그리 크다고 할 수 없다. 노령화가 급속히 이루어지고, 이농 현상으로 도시로 떠나는 사람들도 많기 때문이다. 그러니 부흥은 고사하고 현상 유지만 해도 성공한 것이라고 할 수 있다.

그럼에도 불구하고 부족한 나를 안으로 밖으로 이끌며 함께해 준 현명하고 용감한 아내가 있었기에 지금의 내가 목회자로서의 사명을 잘 감당하고 있는 것이다.

그리고 무엇보다 전도의 열정이 있는 아내를 배필로 주셔서 나의 부족한 부분을 채우신 하나님의 은혜에 감사드린다.

지금도 나의 아내는 내가 받은 목회의 사명을 함께 감당하며 누구보다도 훌륭히 해내고 있음에도 불구하고, 결심한 만큼 전도를 못 한다고 귀여운 투정을 부리며 스스로 믿음의 채찍질을 하면서 더욱 앞으로 나아가려 힘쓰는 사랑스런 전도의 용사이다.

"너희는 온 천하에 다니며 만민에게 복음을 전파하라"(막 16:15)

7장

자랑스런 세 딸

1. 첫째 딸을 살려주신다면

2. 첫째 딸의 유년 시절

3. 어린 딸들의 헌신을 받으심

4. 학원 문턱도 넘지 않았지만

5. 철저한 주일성수

6. 서울대학교에 진학하다

7. 외무고등고시에 합격하다

8. 둘째 딸과 셋째 딸을 축복하심

9. 자녀교육은 오직 신앙 안에서

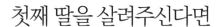

첫째 딸을 살려주신다면

1982년 7월, 삼복더위가 막 시작될 즈음 나는 지인의 소개로 아내를 만나 3개월 정도 교제를 한 후 결혼하였다. 당시 아내의 나이가 30살이었는데, 그 시대에는 대부분의 여자들이 20대 초중반에 결혼을 하였으므로 처갓집에서도 결혼을 서둘렀다.

그리고 다음해, 하나님의 은혜로 서울대병원에서 귀한 딸을 출산하였다. 아이가 태중에 있을 때 남자아이인 줄 알고 족보의 항렬行列을 따라 '○○'이라고 미리 지어 놓았다.

그런데 막상 낳고 보니 여자아이였다. 그래도 이왕 지어 놓은 터라 그 이름을 그대로 사용하였다. 그래서 딸의 이름만 들은 사람들은 가끔 남자로 오인하기도 한다.

어쨌든 당시로 보면 늦은 나이에 얻은 귀하디귀한 첫째 딸은 웬일인지 병원에서 퇴원해 집에 돌아왔을 때부터 잠을 안 자고 울며 보채기 시작했다. 게다가 조그만 소리에도 깜짝깜짝 놀라니 아기를 달래느라 식구대로 편하게 지낼 수가 없었다.

몇 개월을 그처럼 힘들게 하였는데, 오죽했으면 보채는 아기를 달래려고 흔들의자에 올려놓고 얼마나 흔들어댔는지 흔들의자 세 개가 부서져 나갈 정도였다. 유난히 힘든 첫아이를 보며, 나와 아내는 이 아이만 잘 키우자고 약속했다.

하지만 아무리 사람이 계획을 한다 한들, 아이는 하나님께서 주시는 것이 아닌가. 당시 아내의 나이도 많았고 몸도 약했기 때문에 또 임신이 될 거라고는 전혀 생각지 않았는데, 덜컥 둘째 아이가 들어선 것이다.

첫째가 6월생인데 둘째는 그 다음해 5월에 태어났으니, 두 아이는 1년도 차이가 나지 않는 연년생이었다. 생활 기반도 제대로 잡히지 않은 상태에서 두 아이를 키우는 것은 쉽지 않았다. 그래서 종종 처갓집의 도움을 받곤 했다.

어느 날, 처제와 함께 외갓집에 갔던 첫째 딸이 툇마루에서 놀다가 바닥으로 떨어지고 말았다. 그때가 겨우 돌이 지난 때였다. 겉으로 보기에는 약간의 미열 말고는 별 이상을 보이지 않아 대수롭지 않게 생각하고 아이를 달래 집으로 돌아왔다고 한다.

그런데 이틀 후, 아이가 심한 경기를 하는 게 아닌가.

그 무렵 우리는 홍제동 산꼭대기 판자촌 중에서도 제일 높은 지역에 살고 있었는데, 마침 나는 어느 회사에 취직을 하기 위해 부평에 가고 없을 때였다.

가까운 소아과로 아이를 데려가자 생각보다 상태가 심각했는지 빨리 대학병원으로 옮기라고 하였다. 깜짝 놀란 아내는 119 구급차를 불러 타고 서울대병원 응급실로 갔다.

아내는 아이 아빠인 내가 당장 연락이 안 되자 형님 댁에 연락을 해 놓은 터였다. 취직을 부탁하기 위해 부평에 있는 회사의 인사과장을 만나러 갔다가 결국 만나지 못하고 힘없이 서울로 올라오던 나는 형님을 통해 그 소식을 듣고 하늘이 무너지는 것 같았다.

급히 택시를 타고 병원으로 달려가면서 나는 이런 생각이 들었다. 하나님께서 어린 딸의 낙상사고를 통해 목회자의 길을 외면하고 세상길로 가려 하는 나의 어리석은 선택을 돌리려 하신 것이 아닐까.

그러자 저절로 고개가 숙여지며 나도 모르게 간절히 기도하였다.

"하나님! 잘못했습니다. 제발 아이를 살려주세요. 제가 두 손을 들겠습니다. 앞으로 주의 사역자의 길을 가겠습니다."라고.

사실 하나님께서는 그동안 여러 사건을 통해 목회의 길을 떠나 세상길을 걷고 있는 나에게 사인을 보내셨다. 하지만 나는 계속해서 나만의 길을 고집하며 세상 속에서 살고 있었다.

나는 지방에 있는 신학교에서 2년간 신학 공부를 하다가 공부를 중단하고 세상길로 나아가 서울시 공무원이 되었다.

공무원 생활을 계속하다 보니 자의 반 타의 반으로 신앙 양심에 거리끼는 일들을 자주 접하게 되었고, 그런 상태가 계속된다면 그나마 간직하고 있는 신앙까지 잃어버릴 것 같았다. 그러한 이유로 나는 신학교 야간반에 편입하여 신학 공부를 다시 시작하였다.

그러나 공무원 생활과 신학 공부를 병행한다는 것은 결코 쉬운 일이 아니었다. 고민을 거듭하던 나는 공무원을 그만두기로 결정하고 사직서를 냈다.

하지만 공무원 생활을 할 때 만났던 아내는 목회할 사람과는 결혼을 하지 않겠다고 하였다. 결국 나는 신학교를 휴학하고, 세상 속으로 나아가 본격적으로 생활 전선에 뛰어들었다.

처음부터 호기롭게 작은 사업을 시작해 보았지만 계획했던 것만큼 잘 풀리지 않았다. 그렇게 몇 개월을 버티다 사업을 접고, 다시 이런저런 일들을 시도해 보았지만 결국 손해만 본 채 홍제동 산꼭대기에 있는 집으로 이사하게 되었다.

결혼 초기에는 그래도 그럴싸한 전셋집에서 신혼살림을 시작했었는데, 사업이라고 시작했다가 전세금까지 모두 날리고 홍제동 산꼭대기까지 올라가게 된 것이다.

그런데도 나는 하나님의 뜻을 외면한 채 계속해서 세상 속에서 길을 찾다가 결국 첫째 딸의 낙상사고를 보고 만 것이다.

그 무렵 나는 부평에 있는 어느 회사에 취직을 하기 위해 처이모님께 50만 원을 빌렸다. 인사과장에게 커미션을 주고 취직을 부탁하기 위해서였다. 50만 원도 없어 빌려 가지고 취업을 청탁할 정도였으니 당시 내 처지가 얼마나 급박하고 처절했겠는가.

세상일에 빠져 실패를 거듭하면서도, 어린 자식의 분유 값이 없어서 죽을 쑤어서 먹이면서도 주님이 주신 사역의 길을 찾지 않고 계속 세상 속을 헤매고 있던 내게 첫째 딸의 사고는 세속에 멀어버렸던 눈을 번쩍 뜨게 한 사건이었다.

"하나님! 당신의 뜻을 외면하고 사역의 길을 저버린 채 세상 속에서 방황했던 어리석은 저를 용서해 주세요. 이제부터라도 주님의 뜻을 따라 당신의 사명을 받들고자 하오니 그 길을 걷게 하시고, 제발 딸아이를 깨끗이 회복시켜 주세요."

나는 밤새도록 계속되는 아이의 검사를 지켜보며 쉬지 않고 기도했다. 그리고 하나님께서 나의 간절한 기도에 응답하사, 다음날 모든 검사 결과가 정상으로 나왔다는 소식을 들을 수 있었다.

우연인지 운명인지 커미션으로 쓰기 위해 준비했던 돈이 50만 원이었는데, 병원비가 48만 원이 나왔다. 나는 미련없이 그 돈으로 병원비를 지불했다. 그리고 그길로 직장 구하는 일을 포기하고 신학교에 복학했다.

세상일을 하며 생계를 이어가는 일은 역시 내게 맞지 않았다. 그동안 시도했던 일들이 잘 안 되고, 그결과 집안 살림은 점점 어려워졌으며, 고생만 한 아내는 건강까지 잃는 등 지금 가고 있는 길이 내게 맞지 않는 길이라는 것을 알려주시는 여러 가지 사인이 있었지만, 어리석었던 나는 미처 깨닫지 못하고 더욱 세상 속에 빠져 취직을 위해 커미션까지 건네는 옳지 못한 선택을 하려 한 것이다.

사역자의 길을 가지 않으려고 도피의 길을 걷던 나는 결국 첫째 딸의 낙상사고로 인해 진정으로 가야 할 길을 찾게 되었다.

② 첫째 딸의 유년 시절

첫째 딸의 사고로 인해 삶의 방향을 바꾸게 된 나는 신학교를 다니며 역곡에 소재한 작은 교회의 교육전도사로 부임하여 사역을 감당하였다. 하지만 작은 교회라서 재정이 넉넉하지 못해 교통비 수준의 사례비밖에 받을 수 없었다.

나는 생활비를 벌기 위해 낮에는 피아노 조율을 하면서 밤에는 신학 공부를 하고, 교육전도사로서의 사역도 묵묵히 감당했다.

그래도 형편은 그다지 나아지지 않았지만, 어려운 환경 속에서도 아이들은 잘 자라주었다. 특히 첫째 딸은 어렸을 때부터 지혜로웠다. 한글도 TV를 보고 스스로 깨우쳤다.

첫째 딸은 7살 때 내가 인천에서 사역했던 교회의 병설 유치원에 다녔고, 서울에 있을 때는 피아노 학원에도 보냈다.

그러다 내 초임 목회지가 백령도로 결정되자 그곳에 있는 초등학교에 입학하였다.

자랑스런 세 딸 ♥ 157

서해 최북단에 위치한 백령도의 작은 학교는 전교생이 불과 30여 명밖에 되지 않았기 때문에, 한 분의 선생님이 두 학년을 가르치는 복식수업제도로 운영하였다.

한 교실에서 상급반 언니들과 함께 공부를 하니 수준이 달라 아이에게 맞는 교육을 받을 수가 없었다.

첫째 딸이 3학년을 마칠 무렵, 임지를 옮기는 과정에서 백령도를 떠나 작은 농촌 마을로 오게 되었다. 그리고 첫째 딸은 당연히 그 마을에 있는 초등학교에 다니게 되었다.

작은 농촌 마을에 있던 학교는 한 반에 20여 명 정도 되었는데, 텃세가 심해 적응하느라 한동안 애를 먹었다.

그래도 선생님들께서 가르침에 대한 열의가 커서 여러 가지 특별활동을 할 수 있도록 지도해 주셨다. 따라서 사물놀이를 배우기도 하고 취주악대에 들어가거나 영어경시대회 등에 출전하기도 했다.

초등학교에 다닐 때 여러 가지 취미 활동을 배운 것은 아이의 정서적인 면에 있어서도 큰 유익이 되었다.

③ 어린 딸들의 헌신을 받으심

첫째 딸은 초등학교 3학년 때부터 예배 시간에 피아노 반주를 했다. 농촌의 작은 교회인지라 반주자를 구하기가 어려웠기 때문에 딸아이가 주일학교 예배 때는 물론 장년부 예배 때도 반주를 도맡아 해주었다.

어린 나이에 장년부 예배 때 반주를 하는 것이 힘들었을 텐데도 하지 않겠다고 거부한 적이 단 한 번도 없었다.

첫째 딸이 피아노를 배운 것은 유치원 무렵으로 2년 정도 교습학원을 다닌 것이 전부인데, 재능이 있었는지 찬송가 반주를 곧잘 하였다. 그래서 대학교에 진학하여 서울로 올라갈 때까지 10년 정도 반주자로 헌신했다.

그 덕분인지 피아노 치는 실력이 나날이 발전하여 지금도 피아노 반주자가 없는 곳에서는 피아노 반주를 한다고 한다.

첫째 딸은 만약 경제적인 여유가 있었다면 피아노를 전공하고 싶다고 말을 할 정도로 피아노 치는 것을 좋아했다. 하지만 집안 사정이 여의치 못해 포기할 수밖에 없었으므로 부모로서 마음이 무척 아팠다.

비록 부모가 제대로 뒷바라지를 못 해주는 형편임에도 불구하고 하나님께서 좋은 재능을 주셨기에 잠깐 배운 피아노 실력이지만 주님의 교회를 위해 헌신하며 훌륭한 연주로 영광을 돌릴 수 있었으니 참으로 감사한 일이다.

또한 첫째 딸은 초등학교 때 취주악대에서 아코디언을 연주하기도 했고, 사물놀이 팀에서 장구를 치기도 했으며, 리코더 연주도 하며 하나님이 주신 음악적 재능을 마음껏 뽐냈다.

이렇듯 나의 착한 딸들은 유년주일학교 예배에서 반주자로, 또 교사로 헌신했다.

농촌에 있는 작은 교회인지라 교사로 헌신할 만한 교인을 찾기 어려웠으므로 내가 직접 주일학교 부장 겸 교사의 직분을 맡고, 딸들도 교사로 나서서 기꺼이 봉사했던 것이다.

하나님께서 나에게 착하고 재능 많은 딸들을 예비하셔서 열악한 환경에서 목회하는 나와 협력하게 하셨으니, 이 또한 우리 가정이 받은 큰 은혜 중 하나이다.

이에 더하여 어린 딸들의 헌신을 기쁘게 받으신 하나님께서는 아이들에게 지혜의 복을 주셨다. 비록 시골 작은 학교에서 풍족한 교육의 기회를 얻지 못했지만, 열심히 공부하게 하시고 좋은 대학교에 진학하게 하셨으며, 좋은 직장도 허락해 주셨다.

우리가 살던 작은 시골에는 학원이 있을 리가 없었고, 만약 학원이 있다 해도 다닐 수 있는 형편이 아니었다. 시무하던 교회조차 여러 곳에서 지원비를 받아 재정적인 문제를 해결을 하고 있었으니, 당연히 목회자의 생활비도 넉넉하지 않았다.

면 소재지에 있는 학원에서 우리가 살던 곳까지 학원 차량을 운행하면서 학생들을 실어 날랐지만, 상황이 상황인 만큼 아이들을 학원에 보낼 수가 없었다.

그럼에도 불구하고 우리집 딸들은 착하고 바르게 자랐으며, 학원을 다니지 않고도 명문 대학에 당당하게 합격하였다.

처한 상황에 불평하지 않고 오직 믿음으로 하나님께 나아가니, 하나님께서 선으로 인도해 주신 것이다.

"우리가 선을 행하되 낙심하지 말지니
피곤하지 아니하면 때가 이르매 거두리라"(갈 6:9)

학원 문턱도 넘지 않았지만

초등학교를 졸업한 첫째 딸은 면 소재지에 있는 중학교에 진학하였다. 욕심으로야 소위 공부 좀 한다는 학생들이 모여 있는 시내 중학교에 보내고 싶었지만, 집안 형편상 어쩔 수 없이 면 소재지에 있는 중학교에 진학했던 것이다.

그래도 선생님께서 잘 지도해 주셨고, 스스로도 열심히 노력한 덕분에 중학교를 졸업할 무렵에는 시내에 있는 여고에 3년 전액 장학생으로 합격할 수 있었다.

당시 대부분의 중학생들은 학교 수업이 끝나면 시내로, 또는 학교 근처의 보습학원으로 달려갔다. 학교가 끝날 시간이 되면 아이들을 태워 갈 보습학원 차량들이 학교 앞에 길게 줄서 있을 정도였다.

첫째 딸은 공부도 공부지만 친구들과 함께 어울리기 위해서라도 학원에 가고 싶은 마음이 있었을 것이다. 하지만 집안 형편을 잘 알고 있었는지라 차마 학원에 보내달라고 말할 수 없었던 모양이다.

돌이켜 생각해 보면 아빠로서 미안한 마음이 든다. 학원을 다니면서 선행학습을 통해 수업 때 배울 내용을 미리 배워 보고, 친구들과 함께 학원을 다니는 재미도 느낄 수 있었다면 얼마나 좋았겠는가? 물론 착한 딸은 불만을 드러낸 적이 없었지만 학교가 끝나면 집으로 돌아와 혼자 공부해야 하는 일이 그리 좋지만은 않았을 것이다.

학원교습을 할 수 없었던 첫째 딸이 집으로 돌아와 선택한 공부 방법은 바로 교육방송인 EBS였다. 위성방송 장비를 구입하여 TV를 통해 방과 후 틈틈이 공부했던 것이다.

첫째 딸은 중학교 때 성적이 항상 상위 그룹에 있었으므로 내심 좋은 성적으로 고등학교에 입학하리라 기대를 했었다.

그런데 막상 합격자 발표가 나고 보니 석차가 기대에 미치지 못했다. 도내에 있는 여러 중학교의 상위 그룹에 있는 학생들이 대부분 같은 학교에 지원을 하여 경쟁이 치열했기 때문이다.

그래도 중학교를 우수한 성적으로 졸업하고, 고등학교도 3년 동안 혜택이 주어지는 장학생으로 합격했으니, 참으로 감사한 일이다.

열심히 공부하는 중에도 교회의 모든 예배에 참석하여 피아노 반주자로, 유년 주일학교 교사로 충성하였고, 누구에게도 뒤지지 않을 정도의 기도 열성으로 간구하며 노력하였으니, 이를 어여삐 여기신 하나님께서 좋은 결과로 축복해 주셨으리라.

⑤ 철저한 주일성수

시내에 있는 고등학교에 3년 장학생으로 합격한 첫째 딸은 등록금은 물론 기숙사비까지 모두 혜택을 받았다.

그런데 보름 정도 기숙사 생활을 해보더니 적응하기 힘드니까 집에서 다니겠다고 하였다. 학교에서 기숙사에 있는 학생들에게 저녁 늦게까지 의무적으로 공부를 하게 하니 지금까지 스스로 계획을 세워 공부하던 딸은 적응이 잘 안 되었던 모양이다.

결국 첫째 딸은 기숙사를 나와 집에서 학교를 다녔다.

그런데 집이 시골이라 시내버스가 한 시간에 한 번꼴로 운행하므로 등하교를 하기가 무척 힘들었다. 아침에는 첫차를 타기 위해 일찍 서둘러야 했고, 저녁에는 막차를 타기 위해 다른 학생들보다 일찍 학교를 나와야 했다.

이렇게 등하교로 많은 시간을 허비해야 했으므로 고등학교를 다닐 때에도 역시 학원에 다닐 기회를 얻지 못했다.

첫째 딸이 다녔던 고등학교는 도에서 내로라하는 학생들이 모여 있는 곳이었다. 현재는 평준화가 되었지만 당시에는 비평준화 지역이었기 때문에 다른 시나 군에서 소위 공부 좀 한다는 학생들이 그 학교에 입학했던 것이다.

따라서 공부 경쟁이 더욱 치열할 수 밖에 없었다. 대부분의 학생들은 주일 오후에도 등교를 하여 공부하였다.

그러나 목회자의 자녀인 첫째 딸은 주일성수를 미룬 채 학교에 등교할 수가 없었다. 성도들에게 주일성수를 가르치는 목회자의 입장에서 공부 때문에 자녀를 학교에 보내는 것은 성도들에게 신앙 교육상 본이 안 되는 일이었기 때문이었다.

남들이 계속 공부할 시간에 첫째 딸은 주일 오전, 오후 예배에 모두 참석하여 반주자로 봉사를 했으며, 어린이 주일학교 반주자와 교사로도 열심히 봉사하였다.

고3 수험생이 되어서도 마찬가지로 봉사하며 수험 준비를 하였다.

수험생들은 수시 입학을 위해 자격증을 취득하기도 하고, 여러 가지 경시대회에 참가하기도 했다.

하지만 대부분의 자격증 시험이나 경시대회가 주일에 치러졌으니 주일이면 교회에서 예배드리고 봉사하였던 첫째 딸은 자격증은 물론 경시대회의 입상 성적도 얻을 수 없었다. 주일을 범하면서까지 진학을 위해 자격증을 취득하거나 경시대회에 참가할 수는 없었던 것이다.

수험생으로서는 바람직한 모습이 아니었다. 그러나 대학교 진학도 중요하지만, 그보다 더 중요한 것은 신앙을 지키는 일이었기 때문에 목회자인 나는 딸들을 그렇게 지도할 수밖에 없었다.

이와 같은 상황에서 하루 종일 공부만 하는 학생들과 경쟁하여 원하는 대학교에 진학한다는 것은 결코 쉽지 않은 일이었다. 하지만 그러한 중에도 서울대학교 입학이라는 좋은 열매를 맺었으니, 이것이 바로 하나님께서 함께하심의 결과가 아니겠는가. 하나님께서 믿음을 지키고 말씀대로 순종하는 첫째 딸의 모습을 어여삐 여기사 큰 은혜를 베풀어 주신 것이다.

신앙생활을 하다 보면 종종 현실과 타협을 해야 할 때가 생긴다.

믿음으로 신앙을 지킬 것인지, 현실에 고개 숙인 채 나아갈 것인지 선택하는 것은 오직 자신의 몫이다. 그러므로 항상 깨어 있어 기도하며 나아가야 한다. 그래야 현실에 휘둘려 타협하지 않고, 하나님께로 나아가는 길을 선택할 수 있을 것이다.

6 서울대학교에 진학하다

　우리집 첫째 딸이 서울대학교에 합격하였다. 이 얼마나 기쁘고도 기쁜 일인가.

　첫째 딸이 아무런 역경이나 노력 없이 손쉽게 합격의 영광을 거머쥔 것은 아니다.

　첫째 딸은 원래 서울대학교에 수시전형으로 지원을 했지만, 수시전형에서 유리한 자격증이나, 경시대회에서 입상한 성적이 없었기에 결국 실패를 맛보았다. 실망한 마음을 추스르고 수능시험을 보았지만, 이 또한 기대한 만큼 성적이 잘 나오지 않았다.

　그런데 다행히도 2002학년도 대학입학전형은 전 과목의 점수로 평가하는 것이 아니라 계열별로 과목을 다르게 적용하였다.

　그 결과 가군에서는 연세대학교 사회 계열, 나군에서는 서울대학교 인문 계열, 다군에서는 한양대학교 법학과 세 곳에 지원하였는데, 감사하게도 세 학교 모두 합격을 하였다.

특히 서울대학교에 합격을 한다는 것은 참으로 어려운 상황이었다. 수능 점수가 월등한 것도 아니요, 그렇다고 경시대회 입상 성적이 있는 것도 아니었기 때문이다. 그럼에도 불구하고 정시 1차에 합격을 하게 하신 것이다.

당시 서울대학교는 정시모집 1차에서 합격자의 2배수를 선발하고, 2차에서는 다시 논술과 심층면접을 치러 당락을 결정했기 때문에 학생들은 유명 학원을 다니거나 고액 과외를 받으며 논술 준비를 하였다.

하지만 우리집은 그럴 만한 여유가 없었으므로 첫째 딸은 집에서 인터넷을 통해 논술과 심층면접을 준비할 수밖에 없었다.

그러나 우리에게는 불가능 속에서 가능을 이루시는 분이 계셨다. 그리고 하나님께서는 이번에도 당신의 일을 위하여 헌신했던 첫째 딸에게 복을 더하사 서울대학교 합격의 축복을 안겨 주셨다.

이후 대학생이 된 첫째 딸은 1학년 때부터 아르바이트로 개인 과외를 하면서도 학과 공부도 열심히 하여 성적 장학금을 받았다. 이렇듯 첫째 딸은 아르바이트도 하고 장학금도 받아 부모의 경제적인 부담을 덜어 주었다.

또한 그런 와중에도 열심히 공부하여 대학교를 우등으로 졸업하였다. 공부에만 전념해도 어려운 일을, 일과 공부를 병행하고도 이루었으니 정말 자랑스런 딸이다.

첫째 딸은 인문대학 2학년 때 영어영문학과를 선택하였고, 학과 공부를 하면서 외무고등고시 공부를 시작하였다.

원래의 꿈은 대학 강단에 서는 것이었지만, 집안 형편상 계속 공부를 하는 것이 어려울 것 같아 일찌감치 포기하고 고시 공부를 택한 것이다. 교수가 되기 위해서는 유학을 가야 하고, 그러기 위해서는 부모에게 경제적으로 많은 부담을 줄 수밖에 없기 때문에 자신의 꿈을 접고 어려운 고시 공부의 길을 가기로 한 것이다.

게다가 둘째 딸이 영국에서 유학을 하고 있었기 때문에 어려운 집안 사정을 잘 알고 있는 장녀로서 자신만 생각할 수 없었던 것도 고시 공부를 선택한 이유 중의 하나였다고 할 수 있다.

지금 생각해도 하고 싶은 공부를 마음껏 하도록 지원해 주지 못한 것이 부모로서 미안하고 안타깝다. 그리고 이런 부모의 마음을 누구보다 깊이 이해하고 부모의 부담을 덜 수 있도록 스스로 길을 정한 딸이 너무나 고맙다.

외무고등고시에 합격하다

　취업을 하기도 어렵고 취업한 회사에서 근속하는 것 또한 쉽지 않은 이 시대의 수많은 청년들은 너도나도 공무원 시험으로 몰려든다. 공평하게 경쟁하여 얻을 수 있고, 일단 합격하면 정년이 보장되니 취업을 걱정하는 이들이라면 탐나는 자리가 아닐 수 없다.

　그리하여 지금의 대한민국에는 소위 공시족이라고 불리는 청년들이 수십만 명에 이르는 실정이다. 따라서 공무원 시험의 높은 경쟁률은 가히 상상을 초월한다.

　이런 상황 속에서 공시 중에서도 어렵다는 고등고시를 준비하는 것은 여간 힘든 일이 아니었다. 원래 영문학을 전공하던 첫째 딸은 외국에 유학을 가서 공부를 더 하기 원했었다. 하지만 당시 우리 형편이 넉넉하지 않았고, 동생이 영국에서 유학을 하고 있었기 때문에 유학의 꿈을 접고 고시 공부를 시작했던 것이다.

　대학 3학년 때부터 학교 공부를 병행하면서 본격적으로 외무고시를 준비하던 첫째 딸은 6개월 뒤, 외무고시에 응시했지만 1차부터 고배를 마셨다. 공부했던 기간이 워낙 짧았으니 어쩌면 낙방은 당연한 일이었는지도 모르겠다.

그 후 마음을 굳게 먹은 첫째 딸은 휴학을 하고 본격적으로 고시 공부에 전념하였다. 그 와중에도 경제적으로 힘든 형편인지라 주간에 두 번 하는 아르바이트는 계속해야 했다.

고시 공부를 하는 사람들은 대부분 오고가는 시간조차 아끼기 위해 신림동 고시촌에 머물면서 밤낮으로 공부를 한다. 그런데 아르바이트까지 해야 했던 우리집 첫째 딸은 주로 인터넷 강의를 들으며 공부를 했다.

그리고 두 번째 도전에서 1차, 2차, 3차 시험을 모두 통과하고 최종 합격의 영예를 안았다. 본인은 물론 부모들까지 그야말로 피 말렸던 시간들이 무사히 지나고 기쁜 소식을 안겨준 것이다.

외무고시에 합격한 후, 선후배들과 얘기를 나누던 중 고시 공부를 하면서 아르바이트까지 했다는 사실이 알려지자 모두들 미친 짓이었다며 그러고도 2번만에 합격한 첫째 딸의 끈기와 노력에 혀를 내둘렀다고 한다.

나는 그 얘기를 듣고 힘든 상황에서도 어려운 시험에 당당히 합격한 첫째 딸이 자랑스러우면서도 경제적으로 아무 도움을 주지 못한 부모 때문에 많이 힘들었겠구나, 하는 생각에 마음이 아팠다.

하지만 나는 원하는 것을 이룰 수 있는 최고의 방법을 알고 있었다. 바로 전능하신 하나님께 모든 것을 맡기고 기도하는 것이다. 나는 오직 하나님의 도우심을 사모하며 첫째 딸을 위해 기도했다. 특히 고시를 준비하는 과정이 너무 힘드니 빠른 기간 안에 합격할 수 있게 해주시길 간구하고 또 간구했다.

아내는 금년에는 2차까지 합격하고, 다음해에 3차까지 합격해도 아주 잘 하는 것이라고 했지만, 나는 첫째 딸이 하루빨리 합격하여 힘들고 고된 시험 준비 과정에서 벗어나길 원했다.

그런 내게 아내는 욕심이 과하다고 했지만, 나는 열심히 공부하며 헌신하는 첫째 딸에게 반드시 하나님의 도우심이 함께하실 것이라는 사실을 믿어 의심치 않았다. 그리고 그와 같은 나의 소망대로 첫째 딸은 빠른 시간 안에 합격의 영광을 안았다. 만 24살의 어린 나이에 외무고시에 합격한 것이다.

외무고시에 합격하여 일을 하게 되면 아무래도 외국과 교류하는 일들이 많기 때문에 2차에 합격한 사람들은 대부분 외고 출신이었다고 한다. 후에 알게 된 사실이지만 어학연수를 다녀오지 않은 사람은 우리집 첫째 딸밖에 없었다고 한다.

몇 년 후에 첫째 딸은 공부하는 과정이 얼마나 힘이 들었는지 신앙의 힘이 아니었다면 인내하기 힘들었을 것이라고 고백했다. 게다가 원래 활동하기를 좋아하는 성격인지라 고시 공부에만 전념한다는 것도 쉽지 않았을 것이다.

하지만 힘들 때마다 성경 말씀을 묵상하며, 오직 하나님께 모든 것을 맡기고 매달려 기도하며 인고의 시간을 견뎌냈다고 한다.

외무고시에 합격한 첫째 딸은 몇 개월간의 연수를 마치고, 정부에서 실시하는 프로그램에 따라 미국 워싱턴대학교와 스페인 마드리드대학교에서 연수를 마치고, 현재는 유럽 지역에 있는 대사관에서 외교관(1등 서기관)으로 근무하고 있다.

또한 하나님께서는 사랑하는 첫째 딸에게 좋은 사람을 만나 가정을 이루는 축복을 더하여 주셨다.

나는 첫째 딸의 고시 합격을 통해 하나님께서 함께하신다면 불가능한 일도 가능케 됨을 다시 한 번 체험케 되었다. 일과 공부를 병행해야 하는 힘든 환경 속에서, 게다가 어린 나이에, 그리고 빠른 시간 안에 어려운 시험에 합격할 수 있었던 것은 하나님의 전적인 도우심이 계셨기에 가능한 일이었기 때문이다.

그러므로 하나님의 자녀라면 목표를 세우고 믿음으로 기도하며 열심히 노력하면 반드시 이루어 주심을 잊지 말자. 하나님께서는 믿는 자를 복된 길로 인도해 주신다.

오직 믿음으로 나아가면 "내게 능력 주시는 자 안에서 내가 모든 것을 할 수 있느니라(빌 4:13)"는 약속의 말씀이 곧 나의 말씀이 되게 하시는 것이다.

둘째 딸과 셋째 딸을 축복하심

하나님께서는 첫째 딸만 축복해 주신 것이 아니라 둘째 딸과 셋째 딸에게도 축복을 해 주셨다.

둘째 딸은 고등학교를 졸업하고 영국으로 유학을 갔다. 처제 가정이 영국 지사에서 근무하고 있었기 때문에 숙식 문제가 해결될 수 있어 고등학교를 졸업하고 영국으로 유학을 간 것이다.

숙식은 해결되었다 해도 작은 교회의 목회자가 비싼 유학 경비를 감당할 수는 없었다. 그러한 이유로 둘째 딸도 대학 기간 내내 아르바이트를 하면서 공부를 해야 했다.

그리고 5년여 동안의 공부를 통해 영어 능통자가 되어 한국으로 돌아와 영어 아나운서 자격을 취득하였다.

이후 엑손 모빌, 마이크로소프트, 오라클과 같은 세계적인 기업에서 근무하였으며, 지금은 외국계 회사에서 아시아 태평양 담당 매니저로 일하고 있다.

셋째 딸은 대학 졸업과 동시에 국내 항공사에 취업하여 10여 년째 근무하고 있으며, 과장의 직급을 달았다.

이렇듯 어려운 환경 속에서도 목회자의 딸로서 믿음을 놓지 않고 열심히 기도하며 목표를 향해 노력했던 둘째 딸과 셋째 딸도 하나님의 축복을 받아 좋은 직장에 취업하여 나름대로 생활을 잘 꾸려가고 있으니, 여호와께서 내게 주신 모든 은혜를 무엇으로 보답할꼬.(시 116:12)

자녀교육은 오직 신앙 안에서

우리집 딸들은 신앙의 부모를 통해 잉태되었으므로 엄마 뱃속에 있을 때부터 교회에 다니며 하나님의 말씀을 들었다.

첫째 아이를 가졌을 무렵 나는 서리집사로서 성가대 지휘자, 주일학교 교사 등 여러 가지 직분을 받아 충성하고 있었다.

아내 또한 나 못지않게 믿음이 두터워 그 태중에 있던 첫째 딸도 자연스럽게 교회에 출석하여 설교, 기도, 찬송을 들으며 자랐으니, 하나님께서 축복하여 지혜를 더하셨음이라.

태중에 있는 아기가 무엇을 느끼고 기억하겠는가?라는 의구심을 가질 수도 있다. 그러나 태중에서 목회자의 설교를 들었던 아기는 태어나자마자 목회자의 음성에 반응한다고 한다.

그러므로 믿음으로 자녀를 키우고자 한다면 태중에 있을 때는 물론 태어난 후에도 하나님의 말씀을 들으며 성장시키는 것이 매우 중요하다.

또한 어린아이 때부터 부모와 함께 예배에 참석하면 자연스럽게 집중하는 훈련이 되어 산만하지 않게 되므로 학습 태도도 좋아진다.

우리집 딸들은 목회자인 내가 설교 준비를 하며 항상 책을 가까이 하는 모습을 보면서 자랐기 때문에 본인들도 모르게 책을 가까이하는 습관이 길러졌다. 게다가 어렸을 때부터 체계적이고 논리적인 설교를 듣다 보니 사고력과 논리력이 좋아졌다. 그 때문인지 우리집 딸들은 초등학교를 다닐 때부터 글짓기 대회에 나가 상을 적잖이 받아오곤 했다.

서울대학교에서 실시하는 전국 학생 논술대회에 시 대표로, 또한 도 대표로 선발되어 장려상을 수상하였기도 하였다.

어릴 때부터 신앙을 가지면 학습적인 면에서만이 아니라 인격적인 면에서도 좋은 영향을 끼친다.

사람은 지적인 것만으론 완전한 인격체가 될 수 없기에 신앙의 힘으로 내면의 아름다움을 쌓아 제대로 된 인격 형성에 힘써야 한다. 그래야 힘든 일이 닥쳐도 신앙으로 마음을 다스려 인내하고, 기도함으로 지혜를 얻어 이겨낼 수 있다.

또한 스스로 마음을 잘 다스릴 줄 알면 다른 사람의 마음을 돌아볼 수 있으며, 나와 다름을 인정하고 배려하는 힘을 기를 수 있다. 그 덕분에 우리집 딸들은 친구들과 원만한 관계를 유지할 수 있었다.

신앙 안에서 성장하면 세상의 죄악과 멀리하는 방법을 배울 수 있다. 스스로 나쁜 환경이나 나쁜 사람들과 어울리기를 피할 수 있는 현명함을 기를 수 있는 것이다.

하지만 안타깝게도 현실의 부모들은 자녀의 신앙보다 공부에 더 많은 관심을 기울이고 있다.

그러므로 신앙을 가진 부모들이 먼저 모범을 보여야 한다. 자녀들을 신앙 안에서 키우자. 신앙 안에서 하나님의 말씀대로 성장할 때 올바른 인격을 형성할 수 있으며, 지혜 또한 더하여 주신다는 사실을 명심하자. 그렇게 성장한 자녀들이야말로 사회에 나가서도 바른 삶을 살아갈 수 있다.

진정으로 자녀들의 미래를 걱정하는 부모라면 먼저 신앙 안에서 하나님을 만나게 하고, 그와 동행하는 삶을 살도록 가르쳐야 한다.

사랑하는 자녀를 하나님께 온전히 맡기고 기도로써 이끈다면, 하나님께서 동행하는 자녀에게 복에 복을 더해 바른 길로 인도하시며 축복의 삶을 내려주실 것이다.

8장

장기 목회의 비결

아내의 헌신에 힘입어

여러 면에서 부족한 내가 한 교회에서 27년이라는 긴 세월 동안 목회를 할 수 있었던 비결은 두말할 것도 없이 하나님의 은혜가 함께 하심 때문이다. 사람의 힘만으로 어찌 한 곳에서 장기간의 사역을 감당할 수 있었겠는가?

내가 본 교회에 부임할 당시만 해도 우여곡절이 많았다.

원래 청빙을 하기 위해서는 교회 관계자들이 먼저 청빙하고자 하는 목회자를 만나 보고, 성도들에게 선을 보이는 자리도 만들어진다. 또 목회자도 자신이 사역할 교회의 형편을 미리 알아보는 것이 당연한 일이었다.

하지만 당시에는 그러한 과정을 생략할 수밖에 없었다. 백령도라는 섬에 있었던 나는 아이들의 교육을 위해서라도 하루빨리 육지에 있는 교회를 정해 나와야 했고, 작은 시골 교회 입장에서는 성도들의 수나 경제적인 여건상 이러한 과정을 건너뛰게 된 것이다. 게다가 그동안 사역했던 목회자들이 대부분 짧은 기간 머물다 떠났기 때문에 내가 목회를 하겠다고 나서자 바로 결정해 버린 것이다.

내 전임 목회자도 6개월 정도 사역하고 사임하셨으니 교회에서는 노회에서 파송한 당회장의 의견을 따를 수밖에 없었으리라.

나 또한 백령도라는 섬에서 사역하고 있었기 때문에 짬을 내어 사역할 교회를 둘러볼 수 없었다. 단지 중간에 소개하시는 목사님을 통해서 교회 형편이 어렵다는 것을 알고 있었을 뿐이다.

결국 서로 이것저것 따지지 않으니 모든 일이 순조롭게 진행되어 결정되었고, 내가 작은 마을에 위치한 교회로 오게 된 것이다.

그런데 소개하시는 목사님께서 말씀하시길, 최소 3년간은 그 교회에서 사역을 해야 한다고 하셨다. 오는 목회자마다 금방 가버리길 반복했기 때문에 성도들과 그렇게 약속했다는 것이었다.

당시 상황이 급박했던 나는 당연히 그러겠노라고 대답을 했지만, 막상 와서 보니 교회의 상황은 단지 어렵다고 표현하는 것으로는 부족할 만큼 열악했다. 더구나 내겐 아이가 세 명이나 있었는데, 교육 환경은 고사하고 사택도 아이들을 키우기에 적합하지 않았다. 그래서 기회가 되면 더 나은 곳으로 사역지를 옮기리라 몰래 마음먹기도 했다.

부임한 지 3개월 정도 지났을 무렵, 인천에 있는 교회에서 새로운 목회자를 모시기로 했다며 내게 의향을 물어왔다. 그 인천 교회의 장로님 중에는 나와 잘 알고 지내는 분도 계셨기에 내가 결정만 하면 바로 옮길 수 있는 상황이었다.

하지만 3년간 머물겠다고 한 약속을 목회자의 양심상 저버릴 수가 없었다. 결국 나는 그 제안을 거절하고 대신 잘 알고 있던 목사님을 추천해 주었다.

또한 내가 장기 목회를 할 수 있었던 이유 중 빼놓을 수 없는 하나는 바로 아내의 아름다운 헌신 때문이다. 경제적으로도 심적으로도 어려운 가운데 불평 한마디 없이 오직 믿음으로 하나님의 뜻을 섬기며 부족한 남편을 도와 사역에 협력한 아내의 헌신의 결과인 것이다.

만약 아내가 힘들다며 임지를 옮기자고 성화를 부렸다면 남편인 나로서는 그 부탁을 차마 거절하지 못했을 것이다. 그러나 목회자의 아내로서 사명을 묵묵히 받아들이고 쉬지 않고 기도하며 함께 어려움을 견디어 준 아내의 헌신이 있었기에 흔들리지 않고 한 사역지에 묻혀 장기 목회를 할 수 있었던 것이다.

그렇게 3년이라는 약속에 묶여, 나의 양심에 묶여, 아내의 헌신에 묶여 목회를 한 것이 미운 정 고운 정이 쌓이고 쌓여, 이제 3년이 아홉 번이나 지나 27년이 되도록 나를 이 사역지에 머물게 한 것이다.

합심하여 기도하니

나는 장기 목회를 하면서 역시 주님의 사역은 먼 미래를 바라보며 감당해야 한다는 사실을 새삼 깨달았다.

눈앞에 있는 것에 연연하지 말고 먼 미래를 바라보며 인내하고, 복음과 사랑의 씨앗을 뿌리면 때가 되매 하나님께서 축복의 열매를 거두게 하시는 것이다.

시골의 작은 마을에 세워진 우리 교회는 주민들이 수십 년간 이웃으로 살았기 때문에 서로 깊은 정을 나누며 마치 한가족처럼 가깝게 지냈다.

하지만 다른 한편으로는 이런저런 일로 얽혀 있어 사소한 일에도 감정 싸움이 일어나곤 했다. 그래서 한 사람 한 사람 상대하면서 전도하기가 결코 쉽지 않았다.

또한 평소 오고가는 사람들이 적으니, 낯선 사람들에게는 좀처럼 곁을 내주지 않았다.

그러나 나는 포기하지 않고 계속해서 그들을 찾아가 복음을 전했으며, 크고 작은 일들을 거들어 주면서 사랑을 나누었다. 그러자 마을 사람들도 하나둘 마음을 열고 교회에 출석했으며, 예수 믿고 구원받은 성도들이 되었다.

특히 절대로 예수를 믿지 않겠다고 했던 사람이 누구보다 열성적인 성도로 변모해 가는 모습을 보며 나는 크나큰 보람을 느꼈고, 이를 통해 나 역시 믿음이 계속해서 거듭남에 감사했다.

이렇듯 우리 교회는 시간이 지날수록 충성스런 목회자와 열성적인 성도들이 모인 교회로 탈바꿈하며 하나님의 은혜를 받아 부흥하였고, 미자립교회에서 자립하는 교회가 되고, 선교에도 힘쓰는 교회로 축복받았다.

더하여 1997년에는 사택을 건축하게 하시고, 2000년에는 120평의 예배당을 건축하게 하셨으며, 2002년에는 교회 차량까지 구입하게 하셨으니 이 모든 것이 하나님께서 베푸신 은혜의 결과이다.

따라서 내 장기 목회의 비결 중 하나는 힘들고 어려운 상황에서도 목회자와 성도들이 합심하며 인내하고 기도하여 하나님의 축복을 받은 것이다.

지금의 현실에서 누군가 농촌 목회의 미래를 물어본다면 대부분 희망을 찾기 어렵다고 대답하리라. 그만큼 힘들다는 뜻이다.

무엇보다 심각한 사실은 농촌에 사람이 없다는 것이다. 농촌에 거주하고 있는 주민들도 대부분 노인인 데다 부모가 될 젊은이들이 없으니 어린아이들도 당연히 찾아보기 힘들다.

아이들이 없으니 폐교하는 학교들이 점점 늘어나고, 역으로 학교가 없으니 아이들을 둔 부모들도 찾아오기는커녕 떠나기에 급급한 것이다.

게다가 농촌에 거주하고 있던 노인들도 몸이 불편해지면 도시에 살고 있는 자녀의 가정으로 가기도 하시니 그나마 노인 성도들도 점점 줄어들고 있다.

따라서 세월이 갈수록 농촌 인구는 감소될 수밖에 없고, 노령화도 급속하게 진행될 것이다. 그렇다면 교회도 역시 큰 타격을 입을 수밖에 없는 것은 자명한 일이다.

그러나 교회는 전지전능하신 하나님께서 세우시는 것이다. 오직 하나님만을 믿고 따르며 기도하며 감사함으로 사명을 감당한다면 그 어느 곳에서든 주님께서 주님의 교회를 세워 주시리라 믿어 의심치 않는다.

3 우간다에 교회를 세우다

2019년 초, 우리 교회는 하나님의 은혜 안에서 우간다 쳇가나 지역의 우물을 파는 일을 맡아 총 1천2백여만 원을 지출하였다. 그 대신 1천2백 평의 부지를 무상으로 공급받아 2천여만 원을 들여 예배당을 건축하고, 쳇가나 봉곡교회로 명명하였다.

지금은 그곳에 현지인 사역자를 세우고, 유치원을 만들어 운영하고 있다.

대한민국 농촌의 작은 교회에서 아프리카에 있는 나라 우간다에 교회를 세우고, 유치원을 개원하다니!

이렇듯 상상하기도 힘든 일이 현실로 일어날 수 있었던 것은 하나님께서 모든 것을 예비하시고 인도하신 결과임을 밝히며 오직 주님께 영광을 돌린다.

4 조기 은퇴를 하다

나는 목사 안수를 받은 지 만 30년 만에, 두 번째 임지에서 만 27년의 사역을 모두 마무리하게 되었다. 총회의 법을 살펴보면 목사의 정년은 만 70세인데, 그보다 4년을 앞당겨서 만 66세에 은퇴를 결정한 것이다.

내가 조기 은퇴를 한다고 하자 주위에서는 모두 만류하였다. 하지만 항상 내 옆에서 사역을 거들어 주는 사랑하는 아내의 건강이 여의치 못하니 더 이상의 사역은 감당하기 어려울 것 같았다.

그러한 이유를 밝히자 교회에서도 내 의견을 수용해 주었고, 나를 원로목사로 추대해 주기로 결정해 주셨다. 정말 감사하고 영광스런 일이다.

요즘은 교회에서 원로목사로 추대하는 것을 부담스러워한다고 한다. 실제로 주변 몇몇 교회에서 원로목사 추대를 거절당했다는 소식도 종종 들려온다.

평생을 바쳐 목회자로서의 사역을 감당했음에도 원로목사라는 유종의 미를 거두지 못한다면 참으로 안타깝기 그지없는 일일 것이다. 그럼에도 불구하고 부족한 나를 원로목사로 추대해 주신 성도님들께 감사를 드린다.

　작고 낮은 나를 택하여 목회자로 세우시고, 갈 길을 잃고 세상 속에서 방황하던 나를 사랑으로 안으사 참된 사역의 길로 다시 인도하시며, 어려움을 이겨낼 힘을 주사 부흥의 역사로 축복하시고, 사랑하는 성도들과 오랜 세월 믿음생활을 함께하게 하사 원로목사의 직분으로 또다시 축복하셨으니, 모든 영광을 받으시기에 합당하신 하나님께 감사의 기도를 드린다.

Epilogue

에필로그

모든 것이 하나님의 은혜로다

모든 것이 하나님의 은혜로다

거룩하신 하나님께서 나를 믿음의 땅 대한민국에서 태어나게 하시고, 하나님의 자녀로 삼아주셨으며, 믿음생활을 할 수 있게 하시고, 하나님 교회의 사역을 감당할 수 있는 목회자로 세워 주셨으니 실로 그 은혜가 얼마나 감사한가.

6·25전쟁 직후, 산간 벽지 오지의 넉넉하지 못한 집안에서 태어났으나 하나님께서 나를 위해 예비하신 자애로우신 부모님과 우애 좋은 형제들을 갖게 하사 그들을 통해 큰 사랑을 받고 자라게 하심에 감사드린다.

어린 아기 시절 펄펄 끓는 쇠죽 솥에 빠져서 온몸에 화상을 입어 소생 가망이 없는 중에도 오직 하나님의 은혜를 받아 온전히 회복하게 하셨음에 감사드린다.

어려운 환경 때문에 초등학교밖에 졸업하지 못했지만, 늦은 나이에라도 중학교와 고등학교 과정을 검정고시로 마치게 하시고, 방송통신대학을 졸업하게 하시고, 공무원 시험에 합격하여 서울시 공무원으로 근무하게 하신 하나님께 감사드린다.

어리석음으로 인해 세상길을 택한 나를 놓지 않으시사 주의 길로 마음을 돌이켜 주시고, 우여곡절 끝에 신학 공부를 마치게 하사 주께서 정하신 사역의 길을 가게 하심으로 30여 년 동안 목회 사역을 무사히 감당케 하신 하나님께 감사드린다.

신실한 믿음을 가진 지혜롭고 아름다운 아내를 만나게 하시고, 신앙의 동역자로 세우시사 서로 사랑하고 위로하며 힘든 시절을 함께 극복하게 해 주시고 인생의 기쁨을 함께 나눌 수 있도록 축복하신 하나님께 감사드린다.

귀한 자녀들을 허락해 주시고, 그들에게 굳건한 믿음을 주사 언제나 바른 길로 인도하시고 지혜의 복을 더하사 세 딸 모두 자신의 길을 찾아가게 하신 하나님께 감사드린다.

첫째 딸은 서울대학교를 나와 외무고등고시에 합격하게 하시고, 둘째 딸은 영국에서 유학을 하게 하사 좋은 직장에 취업하게 하셨으며, 셋째 딸도 대학을 졸업하고 항공사에 취업하여 직장생활을 잘 하게 하신 하나님께 감사드린다.

부족한 나를 주님의 목회자로 세우시고 어려운 상황에서도 사랑하는 아내와 함께 오직 믿음으로 이겨내며 사역을 감당케 하심에, 도움을 받기만 하던 미자립교회에서 자립하는 교회로 세워 주시고, 선교하는 교회로 우간다에 교회를 세우게 하심으로 영광을 돌리게 하신 하나님께 감사드린다.

이러한 은혜를 누릴 수 있었던 것은 목회자와 성도들의 협력의 결과요, 사랑하는 아내와 자녀들의 협력의 결과로, 하나님께서 복에 복을 더하셨음을 고백한다.

"하나님을 사랑하는 자 곧 그 뜻대로 부르심을 입은 자들에게는 모든 것이 합력하여 선을 이루느니라(롬 8:28)"는 말씀대로 지금까지 함께하신 주님께서 앞으로의 삶에도 역사해 주실 것을 믿으며, 부족한 사람의 글을 읽어 주신 모든 독자분들께 하나님의 은혜가 항상 함께하시기를 간절히 기원한다.